한국교회, 아프다

1부

한국교회, 아프다 1부

초판 1쇄 발행 2020년 3월 27일

지은이 김원범
펴낸이 장길수
펴낸곳 지식과감성#
출판등록 제2012-000081호

디자인 박예은
편집 윤혜성, 박예은
교정 김혜련
마케팅 고은빛

주소 서울시 금천구 벚꽃로298 대륭포스트타워6차 1212호
전화 070-4651-3730~4
팩스 070-4325-7006
이메일 ksbookup@naver.com
홈페이지 www.knsbookup.com

ISBN 979-11-6552-086-1(04230)
ISBN 979-11-6552-085-4(세트)
값 15,800원

ⓒ 김원범 2020 Printed in Korea

잘못된 책은 구입하신 곳에서 바꾸어 드립니다.
이 책의 전부 또는 일부 내용을 재사용하려면 사전에 저작권자와 펴낸곳의 동의를 받아야 합니다.

이 도서의 국립중앙도서관 출판예정도서목록(CIP)은 서지정보유통지원시스템
홈페이지(http://seoji.nl.go.kr)와 국가자료공동목록시스템(http://www.nl.go.kr/kolisnet)에서
이용하실 수 있습니다. (CIP제어번호 : CIP2020011967)

홈페이지 바로가기

어느 평범한 청년의 한국교회에서 10년

한국교회, 아프다
1부

김원범

'기독교'는 어둠을 어둠이라 하지 않고,
빛만을 좇으라 하는 공동체가 아니다.

/ 책을 내며 /

    21세기 한국교회에 대한 비판과 자성의 필요성에 대한 목소리는 수년 전과 다른 양상을 띠고 있다. 불과 몇 해 전만 해도, 일부 진보 개신교 학자들 혹은 큰 피해를 입은 일부 교인분들만이 군소적으로 한국교회의 변화와 반성에 대한 목소리를 내는 정도였지만, 이제는 마치 용암이 들끓듯 각종 토론회와 한국교회가 해결해야 할 주제에 대하여 성토가 쏟아져 나오고 있다. 설마 그대가 '우리 교회, 우리 목사님은 괜찮으니까 괜찮아'라는 우물 안 개구리 같은 개교회주의자는 아닐 것이라 생각한다.

    1,000만 명이 넘는다던 한국 개신교인에 대한 통계는 수년간 곤두박질하며, 수백만 명이 교회를 등지고 떠났고, 가나안 성도('안 나가'를 반대로 쓰며 비꼬아 표현한 용어)들이 속출하고 있기도 하다. 교회를 아직 떠나지 않은 교인들도 이미 한국교회와 교단에 대한 실망과 무기력감을 지닌 채 지내고 있는 것이 현실이다. 교회를 떠났든 떠나지 않았든 수백, 수십만의 그리스도인들은 상처를 받거나 침통함을 경험하였다.

    본 글은, 10여 년간의 한국교회와 교단에 대한 보고서라고 할 수 있다.

    당연히 교회와 교단의 구성원인 교인, 목회자, 성직자, 교계 지도자들이 등장하며, 그들과 함께 지내며 겪었던 일들에 대한 이야기이다. 비판적 내용일 수 있지만, 저자 스스로 비판을 하며 도덕적, 혹은 종교적 어젠다에 대한 개념적이고 추상적인 서술을 사용하지는 않았다. 저자가 서 있고 응시하는 시선과 위치의 기준은 일반적이고 건강한 '상식'일 수 있도록 유지하였고, 직접적 비판보다 건전한 상식을 가진 독자분들이 공감하며 스스로 사고하는 것을 지향하였다.

독자분들의 공감 이후에는, 누구나 저자의 위치에 설 수 있고, 저자가 겪었던 일들을 자신들이 겪을 수 있다는 가능성으로 인해 '스스로 질문하는' 흐름이 될 수 있도록 하였다. 몇 해 전, 어느 교회 목사님께서 《우리 아이 절대 교회 보내지 마라》라는 책을 출간하셨는데, 내용은 현재의 한국교회에 대한 비판이 주를 이루었다. 본 글은 앞의 책과는 조금 다른 표현 방식과 구조를 택하여, 현재 한국교회에서 일어나는 일들 속에 들어있는 비정상적인 현상과 행태의 개념적 명제들을, 저자가 10여 년간 교회 안팎에서 겪었던 일화들을 통해 독자들이 액자를 바라보듯 응시할 수 있도록 하였다. 문장의 길이와 호흡은 일반적으로 그다지 길지 않도록 의도하였기에, 중학생 정도의 언어 구사와 독해 수준이라면 글의 내용이 흡수될 수 있도록 하였다.

한국교회의 빈성과 회복, 지정에 대하여 교회를 처음으로 출석한 10

여 년 전부터 끊임없이 고민하며 오늘에 이른 듯하다. 10여 년의 시간 동안 한국 개신교에 대한 출판물들을 꾸준히 살펴본 바로, 은혜와 축복에 대한 글들은 많았지만 솔직하며 현재의 한국교회의 현실을 반영한 출판물은 지극히 적다는 느낌을 받았다. 그만큼 교양적이었으나, 현실은 외면되었기에 오늘날의 적잖은 그리스도인들이 땅속에서 들끓는 용암과 같은 분노를 품게 되었는지도 모를 일이다. 기독교 출판물, 혹은 기독교 방송프로그램을 접해 보면 한 가지 특징을 찾아볼 수 있다. 그것은 비판적인 시각, 잘못된 것을 잘못된 것으로 인정하려는 노력, 이를 위해 현실을 있는 그대로 바라보고 건강한 비판을 하는 문화가 부재하다는 것이다. 사랑을 마치 쓴소리 없이 따뜻한 말만을 하며 따뜻하게 대하는 것으로만 여기는 인식 문화 탓에 이미 많은 그리스도인들 또한 그 겉치레에 많은 반감을 가지고 있는 것이 현실이다. 이미 한국교회에 익숙해져 분노하기는커녕 무뎌진 감각과 감정으로 지내던 그리스도인들에게는 한국교회의 현실에 대한 발견과 이에 따른 질문을 던질 수 있는 계기가 될 것이라 생각한다.

'문제를 문제로 인식하지 않는 것이 가장 큰 문제다'라는 명제를 첫 단추로 하는 것을 저자의 의도와 글을 쓰게 된 출발점으로 여겨 주시면 감사할 것이다.

본 글을 끝까지 읽다 보면 느끼실 테지만, 각 사례와 스토리를 통해 보다 심도 있는 접근과 분석적이면서도 다양한 문제들의 핵심에 다가가는 이야기가 있으면 좋을 것 같다는 생각을 가져 보았다. 《한국교회, 아프다》 1부를 펴내며 곧이어 두 번째 책으로 만나 뵐 수 있으리라 생각한다. 1편의 어드벤처 형식의 스토리 전개, 액자식 구성과는 달리 2편은 1편에서 나타났던 여러 현상들에 대한 직접적 원인 분석과 개론적 서술이 될 것으로 보인다. 사회의 상식을 더욱 건강하고 성숙한 지향점으로 이끌어 가야 할 교회라는 공동체가 오히려 사회의 상식으로부터 적지 않은 질타와 외면을 받는 이유에는 분명 그러한 것들의 원인이 있음을 신학적 원리와 성경의 내용을 통해 새로운 지평선으로 제시하고자 한다. 성경의 정확한 근거를 위해 필요에 따라 히브리어 원문이 참고될 예정이다. 본 글을 통해 한국의 그리스도인들이 냉철한 현실 인식과 공감 그리고 스스로 질문하는 물결이 생겨날 수 있다면 1편으로서의 역할은 충분히 한 것이라 생각해 본다.

저자가 기록한 것은 엄연한 한국교회의 현실이므로, 최근 들어 활발히 진행되는 한국교회의 반성과 성찰, 회복에 대한 토론회 및 세미나에서 본 글이 책으로 출간되어 참고 자료가 될 수 있길 바라며 한국교회에 대하여 실망과 무기력함, 분노를 가졌던 청년과 기성세대들에게 함께 고민하고 공감할 수 있는 도구가 될 수 있길 바란다.

제주에서 김원범

/ 목차 /

책을 내며   4
서문   10

Chapter 01 / 개종을 하다 /

스스로 성경책을 읽기 시작하다   16
그분들을 만난 건 축복이었다   30
모든 것이 되어주었던 그녀   34
옆집 아주머니   44
오토바이를 타기 시작하다   52
나를 싫어하는 나   58

Chapter 02 / 교회로의 첫 출석 /

미션스쿨, 대학생활   66
군 입대, 약할 때 강함 되시는 하나님   84
전역과 교회 일의 시작   97
고등부를 떠나 성가대로   135
누명   145

Chapter 03 / 교회의 분열과 공작 /

교회에 줄소송이 시작되다	160
안식의 질서를 경험하다	169
금식기도를 드리다	176
교회의 분열과 공작	178

Chapter 04 / 서울로의 이사 /

서울에서의 신앙생활	190
의는 생존의 필수 요건이다	202
한국 기독교의 신사참배 역사를 알게 되다	209

Chapter 05 / 뜻밖의 대형 교회 /

안내부에서 다시 시작하다	218
청년부 성가대	224
목사님께 보내는 글	257

1부를 마치며	270

/ 서문 /

21세기 한국에는 진정으로 헌신하시는
훌륭한 목회자분들과 좋은 교회들도 많다.

그러나 21세기 한국의 신조어 중에는 분명 '개독교'라는 단어가 있다.

'문제를 문제로 인식하지 않는 것이
가장 큰 문제이다'라는 말이 있듯, 교회 안에서는

'하늘에 계신 우리 아버지여, 이름이 거룩히 여김을 받으시오며…'

라는 기도를 드리지만, 언젠가부터 이름에 먹칠을 당하는
예수를 구원해야 하는 문제가 한국교회의 익숙한 숙제가 되었다.

'기도'가 하나님께 공을 넘기는 행위가 되어서는
안 될 것이다.

'서로 사랑하라'는 예수님의 말씀은, 그리스도인에게
숙제와도 같은 것인데,

기도를 할 때는 '사랑할 수 있는 마음을 주시옵소서'라며

기도를 마치고 정작 일상과 행동에서는 일말의 변화도 없는 것을 목도하며,

'서로 사랑하라'는 숙제를 내주셨는데 숙제는 하지 않고,
'숙제할 수 있는 마음을 주시옵소서'라며
하나님께 공을 넘기는 기도를 드린 것 같아 부끄러웠다.

2000여 년 전, 평범한 한 아이가 있었다.
수천 명의 무리에 섞인 채 소문만으로 듣던,
'예수'라 불리우는 아저씨를 만나보고 싶어 어른들 사이를 비집고 걸었다.

예수님을 뵙기까지 얼마나 걸릴지, 혹은 뵙지 못하는 것은 아닐까
하는 생각에 그 아이도 도시락을 챙겼고,
무리가 걸음을 옮기던 길 위에서, 사람들은
챙겨온 음식을 하나둘씩 꺼내어 먹기 시작하였다.

그 아이는 사람들 입에 음식이 들어가는 것을 보았지만,
자기 도시락을 먹고 싶은 마음을 꾹꾹 누른 채
드디어 예수라 부르는 아저씨가 시야에 들어오는 곳에 도착하였다.

예수와 이야기하던 제자로 보이는 아저씨들이

이리저리 뛰어다니고 있었다. 음식을 가진 사람들이 있느냐며
군중들 사이를 헤집고 다녔다.

수천의 군중들은 힘들었던 걸음과 배고픔으로,
길에서 음식을 모두 먹었거나,

간혹 먹을거리를 가지고 있던 사람들도 돌아가는 길에
배를 채울 생각으로 눈만 껌벅이고 있을 뿐이었다.

오직 그 한 아이만이 제자들의 음성에 손을 들었다.

"예수님께서 음식이 필요하시다는데,
 그 음식을 줄 수 있겠니?"

아이는 싸 온 도시락을 다른 이들처럼 맛있게 먹고 싶어
잠시 갈등을 하다 예수님께서 쓰신다 하니
기꺼이 고사리 같은 두 손으로 도시락을 내어 드렸다.

그리고

자신이 싸 온 보리떡 다섯 개와 물고기 두 마리가
예수를 거쳐 모든 무리에게 전해지며

그 아이와 함께 오천 명이 넘는 사람들이 맛있게 먹기 시작하였다.

기적이자, 천국의 경험이었다.

여기 한 아이가 있어
보리떡 다섯 개와 물고기 두 마리를 가졌나이다.
그러나 그것이 이 많은 사람에게 얼마나 되겠삽나이까

(요한 6:9)

너희가 돌이켜 어린 아이들과 같이 되지 아니하면
결단코 천국에 들어가지 못하리라

(마태 18:3)

10여 년간 교회를 다니며, 교회 안에서 기도를 드릴 때면,
오병이어의 기적을, 부흥의 기적을 이루어 달라는 기도를 드린 적이
많았다.
하지만 10여 년의 신앙생활을 되돌아보면,
나는 그동안 배불리 먹고 만족한 군중 같은 신앙생활을 한 것인지
오병이어를 가지고 있던 '한 아이'처럼,
소중히 아끼고 아꼈던 무언가를 구별하여 기꺼이 드리는
태도의 신앙이었는지 자문(自問)해 본다.

개종을 하다

Chapter 01

스스로 성경책을 읽기 시작하다

　나는 천주교 모태 신앙인이었다. 어렸을 때부터 묵주반지와, 묵주, 여성분들이 성당에서 미사를 드릴 때 머리에 쓰는 미사포를 익숙히 접해 왔었다. 어머니를 따라 주일이면 성당을 가고, 가끔씩 고백성사를 경험하였다. 사춘기 즈음에는 천주교에서의 의식인 견진성사를 치르고, 진지하게 신부님이 되는 소망도 품어 보던 청년이었다. 중학교 즈음에는 정신적, 내면적인 거룩함을 사모하였는지 때론 거룩하지 않게 느껴지는 나 자신을 미워하곤 하였다. 천주교에는 삼종기도라 하여 하루에 세 번 서서 기도를 드리는 의식이 있는데, 나는 장소와 인파를 불문하고 어느 곳에서든 사람들(학교에서는 대부분 학우들이었다)의 시선을 의식하지 않은 채 그대로 서서 의식을 행하기도 하였다. 주일이 되면 집 안의 벽에 걸려 있는 예수님 모형이 함께 있는 십자가상 위에 먼지나 거미줄이 쌓이는 것, 혹은 성모마리아상에 이물질이 묻는 것을 견디기 어려워 매 주일 청소를 하곤 했다. 성모님이 자신의 모형물이 먼지 쌓인 채 그저 벽에 걸려 있거나, 조형물이나 장식품처럼 방치되어 있는 것을 보시면 언짢아하시지 않을까 하는 걱정을 어린 나이임에도 가져본 듯하다.

 나는 유년기를 보내는 동안, 지구상에 천주교와 개신교가 양립하여 존재한다는 개념도 없었을 뿐더러 개신교의 탄생 배경과 천주교와의 차이점에 대하여 아주 간단한 사실들만을 인식하고 있었다. 중고등학교에서의 세계사 수업시간에 천주교가 부패했던 역사, 루터의 등장, 95개조 반박문, 면죄부 등을 지식적인 측면으로 접하긴 했지만, 나 자신과 직집직으로 관계되지 않는 외띤 이야기로 받이들이곤 했었다. 그저 세계사라는 거대한 흐름 중 몇몇 조각의 모자이크를 대하듯 심도 있는 접근을 가지진 않았었다.

 내가 초등학교 저학년일 때였다. 나는 누님이 여러분 계셨는데, 그중 갑작스레 수녀가 되겠다고 나서는 누님 한 분이 계셨다. 그러나 그 누님이 가신 성식사가 뇌셌나는 소망의 동기는 여느 다른 수녀님들이 가졌던 그것과 사뭇 달랐다. 누님은 수년간 교제

해 오던 남자친구가 있었고, 그 관계가 삐걱거리다 결국 이별을 겪게 되자 그 일 이후 집 밖으로 나오지 않은 채 수일을 지내다 부모님께 수녀가 되겠다는 선포를 갑작스레 한 것이었다. 당시 나는 열 살도 채 되지 않은 어린아이였고, 누님과의 나이는 열 살이 넘게 차이가 났기에, 누님과 많은 대화를 나누기보다는 그저 집 안에서 어른들로부터 들려오는 대화를 어깨너머로 조금씩 접하며 사실관계들을 알아갈 수 있었다.

그때 당시 나는 비록 어린 나이였음에도, 누님이 가졌던 마음의 중심에 관심을 가지고 살펴본 듯하다. '누님이 수녀가 되겠다는 결단을 가진 그 마음의 중심은 무엇일까. 하나님 때문인가. 하나님이 좋아서? 남자친구와 헤어진 다음 갑작스레 하나님밖에 없다는 생각이 들어서?' 아닌 듯하였다. 그렇다면, '신앙생활을 열심히 하여 하나님께 자신의 삶을 드리려고?' 여러 정황과 눈에 보이는 모습들을 보건대, 그러한 이유 또한 아닌 듯하였다. 오히려 신뢰했던 남자에 대한 배신감과 분노, 순수하지 못한 더러움에 대한 내면의 결벽증, 이러한 여러 요소가 혼합되고 합성되어 '수녀가 되는 길'이라는 하나의 방편을 세운 듯하였다.

그렇다. 인간은 외적으로든 내면으로든 깨끗해지려 하고 깨끗한 것을 사모하는 본성이 있다. 그러나 하나님과 전혀 상관없는 동기로서 신앙인이 된다는 것, 그것은 모든 각자의 인간이 가진 종교성이거나 자신이 가진 사연을 좀 더 숭고한 의미로 승화시키려는 노력 같은 것들이 심각한 왜곡을 거쳐 외부로 표출된 것에 불과했다.

어린 나이였지만, 그때의 나는 하나님이 실제로 존재하시고, 감정이 있으시고, 느끼시며, 바라보고 계시는 분이라 생각하고 있었고, 과연 하나님께서 누나의 마음을 나보다 훤히 바라보신다면 어떻게 느끼실지 생각해 본 듯하다. 하나님과의 관계성은 철저히 배제된 채, 지극히 개인적인 그 어떤 이유로 하나님의 종이 되겠다는 누군가를 보시며 마음이 아프지 않으실까 하는 생각을 가져 보았다. 어떠한 존재를 무시하는 행동을 넘어 마음속에서 이미 어느 존재가 철저히 배제된 행위는 당사자에게 침울함을 자아내기 때문이다. 한마디로 누님에게 하나님은 안중에도 없었다. 역시나 수녀가 되겠다던 당시의 의사 표현이 좌절되자, 다시 평범한 자신의 자리로 돌아왔다. 십수 년이 지난 지금, 그 일을 겪은 누나는 하나님과 멀리 떨어져 하나님은 잊은 채 하나님과는 관계없는 삶을 살아가고 있다.

여러 누님들이 성장하며 읽으셨던 다양한 분야의 책들은, 성인이 되어가는 시간을 거친 후, 누님들의 손을 떠나 나의 방으로 자리를 잡았다. 덕분에 내 방에는 동서양 고전, 현내문학 등의 다양한 도서들이 늘 빼곡하였다. 세계문학 전집, 노벨상 전집 같은 도서들을 전부 다 꼼

꼼히 읽지는 않았지만, 일상 속에서 나의 시야에 들어왔던 수많은 책의 제목들을 여전히 기억한다. 각종 도서가 책장에 꽂혀 한 벽면을 빼곡히 채운 채 일렬로 세워져 있는 것을 보고 있노라면, 각 책의 제목들이 집합이 되어 하나의 평면에 나열되어 보이는 일종의 보고서 같았다. 마치 '세상에는 이런 책들과 시야, 관념들이 있습니다'라고 말하듯이. 헤르만 헤세의 일반적이지 않은 긴 호흡의 문체와 다양한 수식어의 언어 구사들은 나의 호기심을 건드리기도 했지만, 지금에 와서 떠올려 보아도, 내가 가장 관심을 가지고, 나의 시선이 닿았던 책 제목은 아이러니하게도 《참으로 사람답게 살기 위하여》(김수환 추기경 저)였다. 중고등학교 시절을 지나 사춘기를 거치며, 나의 머리와 가슴에서 수많은 가치관이 충돌하고 정립되던 시기에 '인간다운 삶'이라는 관념과 의식은 잔잔히 나의 정서와 가치관의 배경이 되어 갔다. '인간이 신의 창조물이라면 어떠한 창조물인 것일까. 나는 신을 잘 알지 못할뿐더러 인간이라는 존재도, 가깝게는 나 자신도 잘 알지 못한다. 단지 내가 해야 하고, 할 수 있는 것이 있다면 신을 알아 가고, 나 자신을 알아 가고 찾으며 인간으로서의 길을 가는 것'이라는 생각을 가졌던 것이다. 그렇듯, 막연하게나마 소망을 품고 삶의 방향성을 갖고자 발버둥치는 평범한 사춘기 시기의 청년이었다.

스무 살이 되었을 무렵, 인간으로서 그리고 그리스도인으로서 당시에 내가 할 수 있는 행동과 방법이 단 한 가지 있다는 것을 자각하며 그 유일한 방법으로써 성경을 읽어 가기 시작하였다. 이것은 내가 그리스도인이라는 '자각'과 그에 따른 '귀결로서의 행위'이기보다, 작은 것일지라도 '내가 할 수 있는 기본적인 것이 무엇일까'라는 자문에 대한 자연스러운 흐름이었다. 내게는 성경책이 있었고, 성경책은 하나님의 말씀을 적어 놓은 것이라는 생각에서. 어려서부터 일요일이면 성경책을 들고 다니며 미사시간 혹은 성당에서 진행되는 의식에서 띄엄띄엄 한두 문장이라도 몇몇 구절들을 접해 왔지만, 생각해 보니 정작 성경을 첫 장부터 마지막 장까지 제대로 차근차근 읽으며, 이해하고, 소화해 본 적은 없었다는 생각이 들어서이기도 했다. 또한 각종 성경구절을 근거로 하여, 설교와 교리, 회당에서 울려 퍼지는 많은 이야기들이 전개되어 나오는 것이라면, 성경에 적혀 있는 내용들이 가장 핵심이 되는 중요 내용이며, 권위의 측면에서도, 가장 높고 확실한 권위의 우선순위를 갖는다는 생각이 있었던 듯하다. 성경을 읽어 가며 직접 성경의 내용을 접해 갈수록, 인간의 행위, 그리고 인간으로 구성된 어떠한 공동체가 완벽할 수는 없다고 양보하더라도, 내가 아무렇지도 않게 종교의식이라며 행하였던 여러 행동들이 모순이 있다는 것을 발견해 가기 시작하였다.

 (본 글에서 천주교를 비판하거나, 천주교와 개신교의 비교를 통해 어떠한 주장을 하거나 설득을 이끌어 내려는 의도는 없다. 객관적, 공평한 사고를 원하는 한 개인이 천주교와 개신교에서 공통으로 신앙의 기

준으로 삼는 '성경'을 읽고 접하며 그 개인이 성경에 비추어 나아갈 방향과 걸음을 정하였다는 것으로 전해졌으면 한다. 본 글을 통해 천주교 비판 혹은 개신교 옹호의 이분법적인 태도를 견지하려는 것이 아니라는 것과 하나님을 바라는 어느 한 개인, 한 영혼의 궤적 정도로 받아들여 주었으면 한다.)

우선 한 성경─외경이라는 차이가 있긴 하다─을 보면서도 하나님이라는 용어 표현에 있어서도 차이가 있었다. 천주교에서는 '하느님'이라는 표현을 사용하고, 개신교에서는 '하나님'이라는 표현을 사용했다. 마치 대한민국 헌법 전문의 시작 부분에서 '유구한 역사와 전통에 빛나는 우리 대한국민은…'이라고 시작되는 부분에서 우리 '대한민국'이 아닌, 우리 '대한국민'이라는 부분처럼, 그냥 읽어 가다 보면 특별히 발견되지 않는 부분일 수도 있겠지만, 그 의미는 차이를 가지고 있다는 것을 알 수 있었다. 성경의 앞부분이라 할 수 있는 창세기, 출애굽기만을 읽으면서도 내가 아무렇지도 않게 행했던 현실 속에서의 행동들이 성경, 좀 더 정확히 말해 하나님께서 직접 말씀하신 방침들과 정면으로 모순되는 부분들이 있음도 발견해 갔다. '어떠한 형상을 본떠 만들어 그것들에게 절하지 말라'(출애굽기 20:4)는 하나님의 말씀은, 십수 년간 아무렇지도 않은 듯, 아니 거룩한 듯, 성스러운 행위를 한다는 생각으로 성당을 들어갈 때 성모마리아상 앞에서 절(Bow down)하던 행위에 대해 다시금 생각해 보게 되었다. 또한, 이 부분은 한 번의 언급으로 끝나는 것이 아니고, 하나님께서 자신의 백성들을 가르치시고 훈육하실 때 여러 번 언급되어 '너희들이 만든 것은 단지 돌이고 금속 덩어리 광물이다', '어떠한 조형물을 만들어 그것에 절할 때, 자연의 흔한 돌덩어리들과 금속광물들을 너희들이 의미 부여를 하여 우상으로 여길 수 있으니 만들지 말라' 하신 내용의 말씀들이 여러 번 기록되어 있었다.

성경에는 아론이 백성들과 함께 이집트를 나온 후의 일화가 기록되어 있었다. 자신들을 이집트에서 구해 낸 신에 대해 경배하고 싶어 하자, 아론과 함께 자신들이 가진 보석광물들을 녹여내 황금송아지를 만들고 그것이 이스라엘 백성을 이집트에서 구해 내 온 신이라며 그것을 경배하고는 하나님께 엄벌을 받았던 이스라엘 민족의 역사이다. 자신들을 구해 낸 신을 경배하고 싶었던 그들의 마음의 표출과 하나님께서 바라셨던 바른 경배의 모습은 왜 아름다운 접촉점을 갖지 못하였을까. 어쨌든 천주교에도 신학박사가 수두룩하여 어떠한 신학적 의미 부여와 전통, 혹은 다른 여러 이유에서 성모마리아상과 예수님상이 있고, 그 성물이라 부르는 것들에 절을 하는 행위가 인정되는 것이겠지만, 이후로부터는 천주교에서 그동안 행하였던 그러한 의식들을 받아들이기 어려웠다.

비슷한 시기에, 나는 성경에 대한 목마름, 하나님에 대한 궁금함으로 인해 여러 종교 단체와 지인들이 다닌다는 교회를 찾아가 보곤 하였는데, 어느 한 교회 목사님으로부터 '하나님', '하느님' 용어의 차이에 대하여 들을 수 있었다.

평소에 나는, 어느 한 개인이 어떠한 분야의 보수적 성향을 가지려 할 때 경계해야 할 태도로서, 보수를 표방한 편협함이라 생각했었다. 또한, 외부에 개방할 줄 모르고 닫혀 있는 자세는 스스로 그 다양성의 세계에서 자신감이 없다는 것을 입증하는 것이라고도 생각하곤 했다. 나는 권위에 눌려 사실관계를 객관적으로 따져 보지 못한 채, 권위가 입혀진 생각을 주입하는 성향도 아니었다. 이러한 나의 성향은 한창 궁금증을 갖고, 발걸음을 재촉하던 내게 유익이었다. 다양한 종교공동체, 각 종파에 계신 분들을 부담감 없이 만나 뵐 수 있었다.

내가 유년시절에 살았던 고향 대전에서는 종종 곳곳에서 종교 세미나가 열렸는데, 자주 가던 카페에서 홀로 커피 한 잔을 마시고 나오던 어느 날, 바로 앞 건물에서 'UFO와 인류의 기원'이라는 주제로 세미나를 진행한다는 포스터를 보게 되었다. 다분히 종교적 색채를 가지고 신에 대한 논의가 이루어질 것이라 예상하며, 가벼운 호기심으로 수백여 명이 모여 있는 세미나장으로 향하였다.

그들의 주장 혹은 입장은 이러했다.

과학기술이 뛰어난 외계인들이 현대 지구에서 볼 수 있는 복제 등의 생명과학기술력으로 인간을 창조하였으며, 부처, 예수, 마호메트가 모두 그들이 보낸 메신저였다는 주장이었다. UFO의 사진이라고 하는 것들과 그들이 증거라고 주장하는 자료들을 참석자들에게 대대적으로 보여 주었다. 그들의 주장으로 인해 발생할 수 있는 성경상의 모순들은 때론 구체적으로 언급을 하였는데, 가령 예수가 말한 '나로 말미암지 않고는 아버지께로 올 자가 없다' 같은 부분으로 인해 충돌하는 내용은 당시 사람들의 지적 미비함으로 그렇게 말할 수밖에 없었던 것이라는 주최 측의 보충 설명이 있었다. 그리고 예수가 탄생할 즈음 동방박사들이 보고 기뻐하였다는 별(마태복음 2:9)이 UFO라고 주장하였다. 각 분야의 박사급 인사들이 주최 측에 참여했기에 제법 무게감이 있었던 당시의 세미나는 그들이 나름 객관적이라고 제시하는 사진과 자료들이 참석객들에게 일방적으로 전달되는 분위기었다. 세미나가 끝나고 참석자 질문시간이 되었을 때, 수백여 명 중에 단 한 명의 질문자도 없이 정적만이 흐르던 중, 나만이 마이크를 요청하여 상식선에서의 질문을 던졌다.

"예수가 자신을 통하지 않고는 아버지께 올 수 없다고 표현한 것이 당대 사람들의 지적 미비함으로 인해 어쩔 수 없이 말한 것이라고 주장하셨는데, 그렇다면 예수가 신의 메신저로 오면서 거짓말을 했다는 것인가?"라는 질문을 던지자, 주최 측에서는 그저 "저희 ○○○○ 무브먼트에 가입하셔서 더 많은 공부를 하시면 자연스레 알게 되실 것"이라는 애매한 답변만을 한 채, 세미나는 종료되었다.

그들의 세미나 전반과 나의 질문의 답변 끝에 이어진 정체를 알기 어려운 반감 그리고 약간의 분노, 오기가 생긴 나로서는, 세미나를 주관했던 단체에 대하여 십수 년이 넘는 관찰과 모니터링을 하게 된다.

외계인을 직접 만났다는 해당 단체의 수장, 한 중년의 프랑스 남자가 표방하는 대외적 행동과 멘트, 해당 집단의 활동성에 대한 관찰은 흥미로웠다.

우선 종교 집단으로 친다면, 교주에 해당하는 그 프랑스 남자의 행동과 언급하는 말들의 방향성은 예수와 정반대였으며, 기독교 혹은 일반 사회 상식과도 거리가 멀었다. 교묘하다는 느낌이 들 때가 많은데, 그들의 교리 내용 중 한 가지를 예로 들어 본다면 다음과 같다. '한 개인 개인은 참 소중하다. 어느 한 개인이 다수를 위해 희생하는 것은 결코 바람직하지 않으며, 어느 한 개인이 공동체 전체를 위한 부담을 갖는 것도 옳은 일이 아니다'라는 교리였다. 이 개념은 그 프랑스 남자가 수년간 제시해 온, 해당 단체의 헤드라인 격의 교리였다. 인류를 구하기 위해 오신 예수에 대한 정반대의 논리였으며, 상식선에서 생각해 보아도 한 가정에서 어머니의 수고로 가족들의 하루 일과가 시작되는 가정의 평범한 원리와도 방향을 달리했다.

노무현 정부 당시에, 그들은 한반도의 DMZ(비무장지대) 내에 UFO가 착륙할 시설인 '외계인 대사관 건설'을 위한 부지 매입을 정부에 건의하였으나 거절당하였다. 이후로도 한국 대통령이 바뀔 때마다 정부에 지속적으로 건의와 시도를 하였으나 번번이 거절되었다.

그들은 현재 세계 각지의 성소수자 축제인 '퀴어축제'에서 일정한 역할을 하고 있다. 그들의 본부에서는 '한 개인의 성적 만족은 최대화가 되어야 한다'는 슬로건을 내걸고 그들의 세미나에 모인 다중─그들 집단에 가입의식을 치른 사람들로서, 특별한 호칭이 있다─ 앞에 마련된 무대에서 미리 선정된 몇몇의 남녀가 성관계를 갖고, 세미나 참가자들은 그들의 행위를 지켜보는 행사를 치른다. 섹스는 지상 최대의 아름다움이라는 생각과 그동안 이성적 사고로 인해 닫혀 있었던 성적 자유로움에 이르러 있다는 자부심을 가지고 행사에 참여한다. 행사 참가자들의 개인적 성향을 볼 수 있는 그들의 블로그, SNS 등을 살펴보면 사탄숭배 행위에 동조하고, 루시퍼에 대한 찬양곡을 메인 타이틀곡으로 올려놓은 이들이 적지 않다.

─

고등학교에 다니던 시절, 다양한 친구들과 어울리지 못하는 한 학우가 있었다. 일반인들보다 좀 더 내성적인 성격의 친구였기에, 당시에는 없는 표현이었지만, 요즘 말로 소위 '왕따'를 겪기도 하는 친구였다. 평소 나의 생각으로는 내성적인 것이 개인의 성향 차이일 수 있고, 그로 인해 어느 한 개인이 사회 혹은 공동체에서 소외되는 것은 바람직하지 않다는 판단하에, 그 아이에게 좀 더 적극적으로 다가갔다.

내가 성당에 다닐 무렵, 그 아이는 교회에 다니고 있다고 하였다. 찾아가 본 후에 안 사실이지만, 그 친구가 다니는 교회는 일반 교회와는 사뭇 달랐다. 'ㅇㅇㅇ의 교회'라는 명칭을 사용하였는데, 평범한 교회에도 가 보지 않았던 나로서는 다소 당혹스런 내용도 교리로서 교육되고 있었다. 가령, 교황이 머리에 쓰고 있는 관―왕관처럼 생긴 모자―에 적혀 있는 숫자를 합치면 666이라는 것, 요한계시록의 십사만 사천 명의 숫자를 표면적 숫자 그대로 받아들여 자신들만이 시온성이며, 그 십사만 사천 명에 포함되어야 구원을 받을 수 있다는 등의 내용이었다.

그 교회에서 몇몇 직분자들을 만나며, 그들의 주장에 대하여 성경을 토대로 건강하고 권위 있는 반박을 할 수는 없었지만, 그들의 교리를 받아들일 수 없음은 물론, 성경에 대해 내가 더 열심히 알아 가야겠다는 생각을 갖는 계기가 되었다. 그들 또한 그들만의 세상과 논리 속에서 열렬한 마음과 열정이 있었지만, 나로서도 내가 무언가에 더 열심을 내야 할지 구체적으로 확인하는, 결과적으로 내게 유익한 시간이었다.

하지만 그들은 집요하였다. 내가 교회를 방문했던 시간 이후에도, 교회 참석을 권유하고자 일주일가량 지속적인 만남을 요구하였지만 완강한 나의 거절에 연락이 끊어졌다. 그러던 1999년 12월 말경, 수능이 끝나고 얼마 지나지 않았을 때 그 친구로부터 오랜만에 전화가 걸려 왔다.

그 친구는 절박한 목소리로 그러나 차근차근 이야기를 풀어갔다. 몇 시간이 지나고 2000년이 되면 곧 밀레니엄 버그와 Y2K 문제로 대혼란과 무질서가 진행될 것이며 세상의 마지막 때가 온다는 것이었다. 21세기가 되기 전에 지금이라도 어서 자신들의 공동체인 시온성으로 들어오라 하였고, 그와 그 공동체는 이미 일어날 무질서와 혼란에 대비해 온갖 식량과 물자 등을 갖추어 만반의 준비를 해놓았다는 말로 나를 안심시키려 하며 마지막 전화를 한 것 같았다. 나는 괜찮다는 짧은 답변과 함께 수화기를 내려놓고, 어디서부터가 문제인지 짤막한 생각과 함께 새해를 맞이하였다. 곳곳에서 우려했던 밀레니엄 버그의 문제는 없었고, 세상은 평온했다. 사람들은 새로운 세기를 접하며 신년 분위기에 들떠 있었다.

세기가 바뀌고 서로가 성인이 되고 나서 고등학교 때 그 친구에게 확인 전화를 하지는 않았다. 그 이후로 서로 간 연락이나 만남도 없었지만, 이후에 내가 교회를 다니면서 자연스레 그 교회의 정체를 알 수 있었다. 1999년에서 2000년으로 넘어가는 시점이 세상의 마지막 때라고 여겼던 그 집단은, 2000년이 되고 나서도 아무런 일이 일어나지 않자, 교세가 급격히 줄었고, 교인들은 교회를 떠났다는 소식을 접하였다. 그리고 수년이 지난 후, 미국에서 다시 그들의 교세가 확장되고 있다는 소식을 각종 매체를 통해 접할 수 있었다.

• 그분들을 만난 건 축복이었다

　내가 성경을 통해 하나님의 말씀을 알아 가고, 성경에서 그리고 일상에서 하나님을 만나 뵙기까지 일화들을 모두 나열하지는 않았지만, 몇몇 신기하고도 이해되지 않는 공동체 혹은 집단을 경험해 본 듯하다. 지금으로서는 분명 그들과 내가 서있는 디딤돌이 다르다는 것을 인식할 수 있지만, 자칫 나의 짧은 생각과 좁은 시야로 그들의 교리에 넘어가 발걸음을 잘못 내딛었더라면 어떠한 결과가 발생했을까, 라는 생각을 가져 보곤 했다. 지금 생각해 보면, 아니 좀 더 정확한 표현을 써서 하나님의 의중을 감히 헤아려 본다면, 내게 주어졌던 그 경험과 시기는 '하나님의 여유'가 아니셨을까, 라는 생각을 해 본다. '네가 어딜 가든, 무엇을 경험하든, 누굴 만나 보든 결국 하나님인 나를 만나게 될 것이다'라는 전능한 하나님의 인격적인 배려와 여유가 아니었을지 개인적으로 생각을 해 본다. 하나님은 자식을 온실 속에서만 곱게 키우시는 분도 아니실뿐더러, 인간 세상의 몇몇 부모들처럼 자식들 때문에 애지중지, 안절부절못하시는 분도 아니기 때문이다.

'질풍노도의 시기'라는 표현이 있다. 일상에서 많이 쓰는 단어는 아니지만, 누구나 한 번쯤 겪을 법한, 그리고 세상에 엄연히 존재하는, 그래서 누구도 부인할 수 없는 표현이다.

고등학교를 졸업하고, 새로운 문물들을 접하며 갑작스레 주어진 자유 속에서 이제 성인으로서 새로운 세상을 향해 출발하는 스무 살, 스물한 살의 젊은이들 중 어느 청년이 세상이 익숙하다 할까. 그러한 흐름 속에서 나의 마음 한편, 아니 지각과 지표면 아래의 거대한 맨틀과 지구 중심의 핵과 같은 내 마음 깊은 곳에서의 갈망과 바람은 하나님께 향해 있었다(당시에 나 자신은 잘 인식하지 못하고 있었다). 친구들과 축구를 해도, 예전에는 신나고 즐겁던 축구경기가 이제는 흥미도 재미도 없었다. '내 앞에 서 있는 친구들을 제치고 공을 굴리며 달려서 골대 안으로 공의 위치를 옮겨 놓는 게 무슨 가치가 있고 의미가 있을까', '이쪽에 있던 공을 골키퍼를 지나서 저쪽의 골대 안으로 공의 좌표를 바꾸는 행동, 공의 위치를 바꾸는 행동이 무슨 의미가 있을까' 같은 생각들을 품으며, 여느 사춘기 청소년들처럼 운동장에서 나만의 생각에 잠겨 있곤 했다.

   내가 고등학교에 재학 중이던 당시, 사회의 흐름 중에 하나는 지금과 달리 교사의 체벌이 당연시되고, 요즘 시대와 비교해 상상하기 어려울 정도의 지나친 체벌이 있어도 별 문제시되지 않는 것이었다. "느그 아부지 뭐하시노?"라는 선생님의 질문에 답변만 제대로 하지 않아도 무참히 맞던 영화의 한 장면과 크게 다르지 않은 장면들이 내가 다니던 학교, 혹은 거의 대부분의 학교에서 다반사였다. 남학교였던 내가 다닌 고등학교는 학생들이 맞다가 기절을 할 정도로 교사들의 체벌 내지 구타가 심각했다. 때로는 야구방망이로, 때로는 선생이 신고 있던 슬리퍼를 벗어 그 슬리퍼 바닥으로 학생들의 얼굴을 후려갈기는 매타작도 있었다. 공부를 열심히 해도 몸에 멍이 들 정도로 담임선생님에게 맞고, 공부를 하지 않아도 동일하게 맞는다는 현실은, 나의 '소심한 반항심'을 불러일으켰다. 나는 어느 때부터인가 중간, 기말시험 답안지를 백지로 내고 있었고, 담임선생님에게는 특별반을 그만두겠다는 선언을 했다. 특별반은 각 반에서 서너 명을 뽑아 서울대학교 진학생들을 만들기 위해 학교 측에서 별도로 만든 방과 후 학습반이었다. 당시에는 학교 전체 정원이 많아서 50명을 상회하는 정도가 한 반을 이루고 있었는데, 답안지를 백지로 제출한 결과로 12개의 반이 있던 한 학년에서 전체 등수가 순식간에 600등 정도 하락하는 경우가 발생하기도 하였다. 그러한 나의 소심한 반항에도 몇몇 선생님들을 제외한 교사들의 구타 행위는 전혀 바뀔 기색이 없었다.

　다른 방도와 방법을 택할 수도 있었지만, 미련해 보이는 듯한 반항심을 표출하던 한 청년은 그렇게 자신의 바람을 선명히 인식하지 못한 채, 그렇다고 현실에서 불만족을 풀어 가기보다 그저 속으로 삼키며 지내는 사춘기를 보내고 있었다.

　그렇게 가슴앓이를 하며 나름 반항적이던 고등학교 시절엔, 대학 진학에 대한 진지하고 여유 있는 고민보다, 최대한 빨리 이곳을 탈출하여, 대학생 배지를 달고 싶다는 생각이 머릿속을 가득 채우고 있었다. 이러한 내 생각에 대한 뻔한 결과로, 성적이 좋지 않았던 사실에 대해 당시의 학교 분위기를 변명거리로 두고 싶지는 않지만, 어쨌든 미련 없이 학교를 졸업하고, 대학교에 입학을 하였다. 하지만 대학생활에 내한 동경과 기대보다는 고등학교를 탈출하는 것이 목표였던 나는, 역시나 자퇴를 하고 수능을 준비하며 '맞지 않기 위해 무언가를 하는 삶'이 아닌 그 어떤 다른 삶을 바라고 있었다.

　그러한 와중에 군 입대를 하기 전까지, 그리고 개종을 하여 하나님께 예배를 드리기까지, 나를 인도해 주시고 선한 영향을 끼쳐 주신 분들을 만나 뵐 수 있었다.

모든 것이 되어 주었던 그녀

　백열등이 네모진 공간 구석구석을 비추고, 김이 모락모락 피어오르는 따뜻한 국물과 음식들이 풍경처럼 그려지는 곳. 다양한 사람들의 소소한 이야기들이 오고 가는 한겨울의 포장마차에서 그녀를 처음 만날 수 있었다. 함박눈이 풍성히 쌓이던 날, 고등학교 때 반장을 했던 친구에게 전화가 걸려 왔다. 집 근처 장례식장에 들렀다가 오랜만에 얼굴 좀 보고 가겠다는 반가운 연락이었다. 마침 그 종합병원 장례식장 앞에 포장마차가 있어 약속 장소로 잡고 그곳으로 향하였다. 고등학교 때 독서 모임을 하던 반장친구는 대전의 몇몇 고등학교와 서클활동을 교류하고 있었기에, 다른 학교 학생 두 명도 함께 온다고 하였다. 불과 며칠 전까지만 해도, 십 대였지만 이제 해가 바뀌어 나이의 앞 숫자가 1에서 2로 바뀜으로써 술집에 당당히 들어갈 수 있다는 사실 자체를 만끽하며, 그렇게 갓 스무 살이 된 남학생 두 명과 여학생 두 명이 포장마차에 모여 앉았다.

당시에 나는 사귀는 여자친구가 있었다. 그러나 거짓말을 능숙하게 하고, 한 남자로 만족을 못 하는 특기를 가진 아이라는 것을 점차 알아 가며, 서서히 관계를 정리하려던 시기였다. 그럼에도 사귀던 여자아이가 발목이라도 붙잡는 듯 매달릴 때면 순진했던 나는 애매한 관계가 지속되는 것을 방관했던 듯하다.

남녀관계에 있어서도, 바람직하지 못한 관계는 바라지도 행하지도 않는 나의 성향 때문인지 당시 여자친구와 확실히 헤어지지 않은 상태였던 나는 포장마차에서 함께한 여자아이들과의 만남에 이성적으로 큰 의미나 기대를 가지고 있지 않은 상태였다.

하지만 그 이후로도 우연히, 그리고 자연스럽게 그날 만났던 여학생들과 만나게 되는 기회가 있었고, 웃는 모습이 예뻤던 한 여자아이를 어느새 좋아하고 있었다.
그 여자아이도 나와 눈이 마주치는 시간이 조금씩 길어지며, 자연스레 서로의 감정을 알아 갈 수 있었다. 두세 달이 지나자 자연스레 함께 단둘이서, 말없이 카페에 앉아 있기만 해도 이보다 더 행복할 수 있을

지 의문이 들 정도로 각자가 서로를 바라보고 있었다. 그녀를 처음 만난 자리에서 알게 된 것이지만, 그녀 또한 얼마 전 사귀던 남자친구와 헤어지고, 마음이 많이 무겁던 때였다.

그녀는 내 앞에서 종교나 신앙에 대해서, 혹은 교회생활에 대해서 애써 드러내거나 거부감을 느낄 정도로 표현하지는 않았지만, 교회를 오랫동안 다니며, 하나님과의 관계 속에서 살아가는 모습을 보여 주는 아이였다. 그 여자아이를 만날 즈음, 내가 살던 옆집에 큰 소리로 기도하시며 내게 성경말씀을 알려 주시고, 전도를 하시던 아주머니께서 살고 계셨는데, 아주머니와 대화를 나누고 나면, 아주머니의 말씀에 대해 과연 내 마음에 담을 만한 내용인지 그녀에게 검토를 받기도 하였다. 그럴 때면, 당시 천주교인이었던 나에게 천주교와 기독교가 대립각을 세우지 않는 선상에서 총론적이고 본질적인 이야기를 해 주곤 하였다.

그녀는 내가 만났던 여느 종교인들과는 사뭇 달랐다. 지식이 있다고 천주교와 기독교의 차이에 대해 혹은 그 어떤 우월성에 대해 논하는 많은 사람들보다, 천주교인이었던 내가 상심하지 않도록 하나님을 알아가는 본질에 대해 이야기해 주었고, 그럼에도 하나님에 대해, 하나님을 아는 것에 대해 말을 아낀다는 느낌을 많이 받았다. 그만큼 하나님에 대한 한마디 한마디를 소중히 표현하며 하나님을 마음 깊은 곳에 모시고 살아가는 아이라는 것을 느낄 수 있었다.

그녀는 내가 다니는 성당에도 흔쾌히 와 주었고, 내가 하나님을 아는 것에 관심이 많다는 것을 알게 된 후, 진지한 이야기도 함께 나누어 주었다. 그녀를 통해 교회에서 하나님을 성실히 믿는 이들에게 나타나는 모습들인 방언, 특별한 체험 등을 전해 들을 수 있었고, 성경을 통해 하나님을 알아가는 것이 전부였던 나에 비해 그녀는 오랜 시간 동안 하나님을 피부로 경험한 특별한 시간들이 있다는 것을 굳이 말로 표현하지 않아도 느낄 수 있었다.

대학교 1학년 시절 어느 날, 친구가 길거리에서 시비가 붙어 맞고 있는 것을 보게 된 내가 그 몸싸움에 함께했다가 피를 많이 흘리는 일이 일어났다. 이삼 일 후, 얼굴과 몸에 상처가 그대로인 채로 지내던 내게 평소 능동적으로 데이트 신청을 하지 않던 그녀로부터 연락이 왔다. 그녀는 어디론가 나를 이끌어 데려가 주었는데, 어느새 나는 추어탕 집에서 그녀와 식사를 하고 있었다. 그리고 식사를 마칠 즈음 그녀가 내게 넌지시 말을 건네주었다.

"피를 많이 흘렸을 땐… 추어탕이 좋다길래…."

수줍은 듯 말을 꺼낸 그녀는 회복되기에 좋은 음식을 먹었으니 이제 한결 마음이 놓인다는 표정이었다.

말없이 따스함을 느낄 수 있던 사람, 항상 따뜻한 미소와 말투, 마음씨를 지니고 있던 그녀를 만나며 지내던 어느 날, 그녀와의 약속 장소에서 그녀를 기다리던 중이었다. 바람을 쐬고 있는데 휴대폰에 모르는 번호의 발신전화가 걸려 왔다. 그녀의 어머니로부터 걸려 온 전화였다. 그녀가 나를 만난 후로 아버지께서 정하신 귀가시간을 여러 번 어겨 혼이 나고, 야단을 맞았다는 말씀을 해 주셨다. 아니, 혼이 난 정도가 아니라, 아버지께 많이 맞았다고 말씀해 주셨다. 나로서는 그동안 밤 10시, 11시 정도에 집 앞에까지 바래다주면서도 대단히 늦은 귀가시간은 아니라고 생각했지만, 그녀는 이미 아버지께서 정해 주신 귀가시간이 한두 시간을 훌쩍 지나도 나와 함께 있으려는 마음에 그 시간을 여러 번 넘긴 것이었다. 그녀 어머니의 말씀을 전화기로 선명히 듣는 내내, 지난 수개월간의 시간들과 장면들이 촘촘히 머리에 떠올랐다. 그녀는 나와 함께할 때, 한 번도 인상을 쓰거나, 싫은 기색을 보이지 않았다. 언제나 밝고 따뜻한 미소로, 이보다 더 아름다울 수는 없다는 생각이 피어오를 정도로 정겹고 친근하게 대해 주던 그녀였다. 하지만 한두 시간만이라도 좀 더 나와 함께 있으려 했었기에 그녀가 집에 들어가면, 거실로 들어가지도 못한 채 출입구에서 신발로 맞는가 하면, 아주 호되게 아버지께 꾸중을 들었던 것이었다. 더욱이 내가 그녀의 어머니께 그 어떠한 말씀을 드리기 어려웠던 것은, 그녀가 여러 번 그렇게 아버지께 심한 꾸중을 듣고서도 나를 만날 때면, 아무 일도 없었던 듯 여전히 밝고 환한 미소로 나를 맞이해 주었기 때문이었다. 그녀는 내게 어떤 내색도, 기색도 내비치지 않았었다.

  그 당시에 나는 고등학교 때 하지 못했던 나의 진로에 대한 고민과 부모님의 편찮으신 모습, 관계를 정리하여도 나의 주변을 쫓아다니며 매달리는 예전의 여자친구 등으로 머릿속이 복잡하고 무겁던 시기였다. 그녀의 어머니와 통화를 마치고, 머리를 들어 지난 수개월간의 시간들 속에서, 사람들과의 관계 속에서 나의 모습, 그리고 각자의 모습을 바라보니 여러 생각과 감정이 교차했다. '자신의 희생과 고생을 상대방이 알아주지 않더라도 말없이 겪으며, 상대방이 그런 힘겨움을 알지 못했으면 하는 이런 사람이 세상에 있구나'라는 생각에 이어 '어쨌든 이제 그녀에게 더 이상 힘겨움을 겪게 하는 일이 있어서는 안 되겠다'라는 다짐의 생각. 두 가지 생각만이 선명해질 즈음, 그녀가 약속 장소에 도착하였다. 약간 기운이 없어 보이는 모습으로 시원스레 보이는 원피스를 입고 내 앞에 나타났다. 그녀에게 어머님으로부터 전화가 왔었다는 이야기를 꺼내긴 했지만, 그녀의 자존심이 상할까 봐 그녀가 아버지로부터 어떤 일을 겪었는지는 감춘 채, 어머니께로부터 전화가 걸려 와서 이런저런 이야기를 했다는 식으로 둘러대기만 하였다. 그녀는 한동안 생각에 잠겨 있다 더욱 기운이 없는 모습으로 말없이 한동안 앉아 있었다. 그녀는 부모님께서 나를 만나는 것을 좋아하지 않으시다는 짤막한 말을 하고는, 곰곰이 생각에 잠겨 있었다. 그러나 나를 만나는 동안 귀가시간을 어겨 가며 얼마나 힘들었는지에 대해서는 한

마디 말이 없었다.

그날 저녁, 집에 돌아와 그녀에게 받은 사랑과 따뜻했던 마음들을 천천히 생각해 보았다. 이제 갓 스무 살 청년인 내가 얼마나 성숙한 판단력과 추진력으로 상황을 판단하고, 일의 방향을 이끌어 갔을까. 낮에 잠깐 만났던 고등학교 동창 녀석이 실제 상황과 속사정은 알지 못한 채, 핀잔을 던졌던 것이 나의 마음과 머리를 더욱 무겁게 하였다. 타인의 허물에 대해 그 사람이 없는 곳에서 입 밖에 내기를 꺼려 했던 나의 성격 때문인지, 그 녀석의 눈에는 나를 쫓아다니며 매달리는 전 여자친구를 내가 매몰차게 내팽개치고 그렇다고 결별하지도 않은 채 새로운 여자친구를 만나는 것으로 비추어진 모양이었다. 친구 녀석들이 오해를 하든 말든, 내가 부끄러울 것이 없기에 신경 쓰지 않으면 그만이었지만, 결론은 그녀가 친구들의 눈에 곱게 비추어지지도 않을뿐더러, 그녀가 그러한 위치에서 사람들에게 보인다는 사실, 그리고 이러한 상황을 막지 못했다는 나 자신에 대한 책망, 그녀가 그러한 시선을 받는 입장에 놓이게 되었다는 것을 용납하기가 어려웠다. 그녀는 이미 이러한 오해도 받지 말았으면 할 만큼 내게 소중한 존재였다.

미숙하고 어리숙하던 스무 살의 청년이었던 나는, 그날 저녁 이대로는 안 되겠다는 생각에 그 어떤 결정과 판단을 내린다. 더 이상 그녀가 힘든 시간을 보내서는 안 되겠다는 생각과 각자가 제자리로 돌아가야겠다는 어리석고 유약한 생각을 한 것이다. 그녀에게 이별 통보를 했다. 전 여자친구를 며느리가 될 사람으로 생각하고 계셨던 부모님을 이해시켜 드리느라 시간이 좀 걸리긴 했지만, 전 여자친구에게도 확실한 매듭을 짓는 것으로 관계를 정리하였다.

그때의 결정과 판단 이후에 10여 년간의 공황장애 같은 공허함으로 일상을 제대로 영위해 나가지 못할 만큼 영향이 미칠 줄은 생각지 못한 채, 그렇게 그녀와 이별을 마쳤다. 그녀는 역시나 나의 그런 행동으로 인해 몹시도 나를 미워하였다. '가증하다'는 표현을 사용할 정도로 나에 대한 미움을 토로했다.

짧은 몇 개월의 만남이었지만, 가장 맑고 투명한 이야기를 나누었고, 무언가의 많은 경험을 공유하기보다 한 시각, 한 공간에 함께 있을 수 있다는 그 사실만으로도 '이보다 더 행복할 수 없겠다'는 행복이 주어졌던 시간이었다. 또한 수십 년의 눈물을 한꺼번에 쏟아내는 듯했던 시간이었다. 내가 누군가의 마음을 그렇게 아프게 했다는 사실도.

그녀는 진정 겸손하여 하나님께 받은 은혜와 은사(방언, 신유의 은사)들에 대해 자랑하며 늘어놓기보다, 그러한 것들을 통해 하나님이 전해지는 것에 초점을 맞추는 편이었기에, 그녀가 필요한 만큼만 이야기하는 것을 들을 때면, 내가 아직 모르는 세상이 있으며, 하나님과의 관계가 건강해지고 깊어지면 내가 생각하는 것보다 많고도 독특한 경험을 하는구나, 라는 정도의 생각을 가졌었다.

  나는 모태신앙인이라 하면서 예수님이라는 호칭을 자주 쓰고, 매 주일이면 성경을 손에 쥐고 다녔음에도 그 단어와 책 안에 어떠한 내용과 실제가 있는지 모르며 지내고 있었다. 그녀를 알아 가며 '이런 사람이 있구나. 이렇듯 따뜻한 사람, 그 따스한 품으로 자신이 조용히 짐을 지며 한없이 안아 주는 사람이 있구나'라는 생각을 하곤 했는데, 그녀의 그런 모습이 천성인지, 어디로부터 온 것인지 막연한 궁금증을 갖기도 했다. 시간이 흐른 뒤, 나 또한 예수님에 대해 점점 더 알아갈수록, 차츰 알게 된 것은 그녀가 예수님의 향기를 나타내주고 있었다는 것이었다.

  나에게 모든 것이 되어준 그녀에게 고맙다.

이고 싶다

땅이고 싶다.
네가 날 밟고 지나갈 수 있게
너의 그림자가 비추어질 수 있게

바람이고 싶다.
너의 볼을 스칠 수 있게
너의 근심 걱정을 다 싣고 날아갈 수 있게

바다이고 싶다.
네가 날 보며 마음 열 수 있게
네가 나의 품에 들어올 수 있게

산이고 싶다.
네가 나에게 와서 속 시원히 소리칠 수 있게
네가 나에게 상쾌함 느낄 수 있게

하늘이고 싶다.
네가 보고 싶을 때 언제라도 볼 수 있게
너와 항상 같이 있을 수 있게

빛이고 싶다.
네가 나로 인해 살아갈 수 있게
너를 포근하게 감싸줄 수 있게

어둠이고 싶다.
너의 잘못된 점을 내가 가려줄 수 있게
네가 슬플 때에 내 품에서 실컷 울 수 있게

네가 사랑하는 사람이고 싶다.
이 모든 걸 너에게 해줄 수 있게.

옆집 아주머니

대부분의 단독주택 지구는 집집마다 간격이 그리 멀지 않다. 내가 유년기에 살았던 집 또한 전형적인 주거지역에 들어서 있는 평범한 1층 단독주택이었다. 바로 옆집에는 여인숙이 자리를 잡고 있었는데, 우리 집과의 거리는 1.5미터 정도 떨어져 있었다. 옆집이라지만 목소리나 살아가는 소리가 쉽사리 담장을 넘을 수 있는 거리였다.

어느 날부터인가 옆집에서는 한 아주머니의 기도소리가 들려왔다. 지금에서야 그때의 기도가 '통성기도'였다는 것을 알지만, 당시에는 주변의 모든 이가 들을 수 있을 정도의 큰 목소리로 기도하는 것이 신기하기만 하였다. 아주머니의 내용 중에서 이따금씩 들려오는 '예수 이름으로!' 혹은 '하나님 아버지!'라는 소리를 알아들을 수 있었고, 어떤 악한 대상에 대하여 호되게 꾸짖는 듯한 공격적인 내용으로 호통을 치는 소리를 들을 수 있었다. 어떠한 대상의 부분만을 보고 섣불리 평가 내리기를 꺼려 하는 성향의 나로서는 '하나님께 기도하시는구나'라는 정도로만 인식하고 있었지만, 당시에 집에서 오랜 시간을 보내던 막내누나로서는 그렇지 않은 듯하였다. 며칠이고 계속해서 들려오는 큰 기도 소리가 거북했는지 어느 날 누나도 목소리를 높이는 그날이 오게 되었다. 이미 거칠게 격앙된 누나의 목소리가 담을 넘어 전달되었다. 상식적으로 볼 때 일반적인 수준의 시끄러움을 넘어선 행동에 대한 저지가 있을 때면, 수그러들거나 미안해하는 경우가 대부분일 텐데 아주머니의 반응은 전혀 그렇지 않았다. 오히려 시끄러움을 질책한 누나에 대한 직설적인 메시지가 던져졌다.

"밖에서 어떻게 행동하고 다니는지 하나님께서 다 알고 계십니다. 회개하세요!"

상식선에서 접근했던 누나로서는 생각지 못한 사생활을 찔린 듯한 답변을 듣자 오히려 더욱 흥분한 채로 격한 말을 이어갔다.

나로서도 당황스러운 일이었다. 지나치게 소리가 큰 기도소리라는 객관적 사실에 대한 상식선에서의 접근에, 누나의 주관적 사정을 알고 답하는 아주머니의 발언도 틀린 게 아니기 때문이었다. 신기할 따름이었다. 사실 그 당시에 아주머니와 격한 대화를 나누었던 누나는 술을 가까이하고 대부분 새벽시간에 귀가를 하며 지낼 때였다. 나로서는 바른 말씀을 하시는 아주머니를 말리는 것도, 상식선에서 옆집의 지나치게 큰 소리를 지적하는 누나를 말리기도 어려운 입장에 놓여 있었다.

포화 같았던 격한 대화가 오고 간 후 한동안 고요함이 지속될 즈음, 내가 먼저 아주머니께 말씀을 건넸다.

"아주머니, 말씀 좀 나눌 수 있을까요?"

좀 전과는 사뭇 달라진 목소리의 톤으로 아주머니의 대답이 돌아왔다.

"오세요."

짧지만 의미 있는 답변으로 들렸다. 아주머니께서는 내가 얼마나 하나님을 알고 싶어 하는지, 얼마나 하나님을 찾고 있는지 아신다는 듯, 그저 차분한 목소리로 '오라'는 답변만을 던지셨다. 나눌 이야기가 많다는 의미도 담겨 있는 듯한 상냥한 목소리였다.

낯섦을 넘어 조금 떨리기까지 하던 나와는 달리 아주머니께서는 예의를 갖추어 방문을 열어 주시고 나를 맞아 주셨다. 한 평 남짓한 골방을 굳이 나의 시선으로 스캔하지 않아도, 아주머니는 특별한 목적만을 가지고 이곳에 오신 것 같다는 인상을 주셨다. 갖추어지지 않은 살림살이에, 조금 수척해 보이시는 아주머니께서는 정갈하게 자세를 갖추시고 나를 맞이해 주셨다.

내가 아주머니의 방을 들어서는 순간부터 자리에 앉기까지, 낯설어하는 나와 시선을 맞추고 말문을 트기까지, 아주머니께서는 조금 전 누나와 격한 대화를 나누던 분이라고는 생각하기 어려울 정도로 온화하고 정중하게 예의를 갖춰 나를 맞이해 주셨다. 내가 아주머니 앞에 앉기까지, 신기할 정도로 마치 '물 흐르듯' 나를 안내하신다는 느낌이었다.

"하나님… 섬기세요?"

"네."

아주머니께서는 지금 지내는 이곳에 하나님께서 보내셔서 오게 되었다는 말씀과 함께, 기도와 금식으로 하루하루를 보내고 있으며, 우리 집을 위해 기도하기 위해서도 오셨다고도 덧붙여 주셨다. 그리고 이곳에서 마귀냄새가 너무나 심하게 난다는, 나로서는 이해하기 어려운 차원의 말씀을 듣게 되었다.

하나의 목적을 받들며 그 목적 외의 어떠한 누룩도 제하고 오로지 정진하시고 계시다는 듯한 느낌을 가질 즈음, 아주머니께서는 어색했던 첫 만남을 마무리 지으시며 덕담을 넘어선 당부를 해 주셨다. 성경을 열심히 읽고, 기도를 꾸준히 하라는 말씀이었다. 누나와 오고 갔던 대화를 고려해 볼 때, 보지 않고서도 누나의 생활에 대해 알고 계신다면 더 많은 것들도 아시겠구나, 라는 정도의 짐작이 있어서인지 섣부르고 괜한 질문은 드리지 않은 채 방을 나서게 되었다.

어느 날, 집 근처 도서관에서 공부를 마치고 집으로 향하던 중, 옆집 아주머니를 뵌 지 삼사일은 되었다는 생각이 들었다. 금식을 자주 하신다던데, 보기에도 수척해 보이시는 몸으로 건강은 괜찮으실지 조금 걱정이 들기도 하였다. 하루 종일 기도를 하시고 기운이 빠지신 채로 주무시고 나면 아침에는 기운이 없어 일어나기도 힘들다는 말씀을 들었던 탓이었다. 아주머니를 찾아뵙기로 마음먹고 아주머니 댁, 그 골방으로 향하였다. 아주머니의 당부에 맞추어 성경 읽기에 더 열심을 내기 시작한 지도 사나흘이 지나던 즈음이었다.

"아주머니, 계세요?"

"들어오세요."

이번에도 아주머니는 내가 올 줄 알고 기다리셨다는 듯 안정된 목소리와 함께 방문을 열어 주셨다.

방 안을 들어서며 내색은 못했지만 놀랐던 것은, 아주머니께서는 내가 올 줄 미리 아시고 과일까지 준비하여 기다리고 계셨다는 사실이었다. 금식으로 식사도 자주 하지 않으시고, 살림살이도 갖추지 않은 채 지내는 아주머니께서는 내가 도서관을 출발하여 아주머니의 방에 이를 것을 훤히 보고 계셨다는 듯, 깔끔한 쟁반에 과일들을 담아 텅 빈 방 한가운데 두시고는 예의를 갖춘 자세로 나를 기다리고 계신 것이었다.

"지난번엔 내놓을 음식도, 차 한 잔도 드리지 못해서 하나님께 기도드렸더니 하나님께서 이렇게 주셨어요."

인간에게는 감이라는 게 있어서 눈앞의 상황이 갑작스레 급조한 상황인지, 이미 갖추어져 안정된 채로 있는 그대로를 보여 주는 것인지 쉽게 구별할 수 있다. 기도와 금식을 하시며 혼자 지내시는 분께서, 내가 언제 올지도 모르는 중에, 방 안에 과일을 준비하고서 하루 종일 나만 기다리다가 마침 그때 내가 아주머니 댁을 방문을 했다는 것도 있기 힘든 일이었다.

여러모로 생각해 보아도, 아주머니께서는 내가 방문할 것을 훤히 알고 계셨다는 것밖에는 생각되지 않아 물음표가 붙은 생각 그대로, 직접 아주머니께 여쭤보았다.

"제가 올 줄 아셨어요?"

아주머니께서는 마치 최춘선 할아버지처럼 덤덤하게, 자신의 일상에 대해 풀어놓듯 자연스레 말씀해 주셨다.

"하나님께서 보여 주세요."

사실 아주머니의 답변을 듣는 일은, 20여 년이 넘게 살아온 나로서는 태어나 처음 경험하는 내용의 일들이었기에 무어라 말을 이어 가야 할지 생각하다 그저 아주머니의 답변을 다시 되물었다.

"하나님께서 보여 주세요?"

아주머니께서는 여전히 그게 나의 일상이라는 듯 평범한 어조로 말씀을 이어 가셨다. 방 안에 앉아서 하나님께 기도드릴 때면, 천 리 앞에서 일어나는 일들도 하나님께서 보여 주신다는 것과 성경을 읽어 가는 것은 잘 하고 있는지 등의 말씀들을 해 주셨다.

이후에 누나와 아주머니의 격돌은 없었지만, 아주머니의 소리 높여 외치는 기도는 계속되었다. 짧지 않은 기도시간과 10미터 밖에서도 들릴 정도로 힘을 내서 기도하시는 소리를 들을 때면, '보통 일이 아니겠다', '기도를 마치시면 기운이 많이 빠지시겠구나'라는 생각이 이어졌다. 그러는 와중에 종종 찾아뵙고 하나님에 대해 궁금한 부분을 여쭙기도 하고, 아주머니의 배려가 있는 말씀을 듣곤 하였다.

그 당시에는 내가 꿈을 많이 꾸던 시기였는데, 아주머니께 꿈 내용을 말씀드리면 성경에 근거해서 꿈에 대해 말씀을 해 주시곤 하셨다. 마침 아주머니를 알아 가게 될 때 즈음 나의 첫사랑이었던 그녀도 아주머니와의 이야기를 들어 주며 건강한 방향성을 갖는지 여부 등을 이야기해 주었다. 나로서는 생소한 이야기와 상황에 대해 그녀가 검증을 해 준 셈이었다. 조심스럽고 발걸음을 내딛기 어려워 어쩌면 혼란스러울 수 있을 시기에 내 주변에서 고맙게도 나를 도와주는 분들이었다.

오토바이를 타기 시작하다

적극적이고 활달한 성격이었던 나는, 앞에서도 조금 이야기를 꺼냈듯이 학창시절에 공부를 우수하게 하는 편이었다. 소심한 반항을 하던 고등학교 2, 3학년을 제외하고는 초중고등학교 재학 시 학년 전체 등수가 한 자리 수를 유지하는 편이었다. 자기 자랑으로 여겨져 불편할 수도 있는 이러한 내용을 굳이 꺼내는 이유는, 겉으로 드러나는 결과는 그러했을지라도 그러한 결과를 만들기까지 내 안의 동기와 내면은 너무나도 어둡고 추했기 때문이다.

'경쟁사회', '경쟁'이라는 개념에 대해 사회 각계각층의 분들이 긍정 혹은 부정 등의 다양한 입장을 견지하시는 것으로 안다. 경쟁사회라는 것 자체가 배척되어야 한다는 입장인 분도 계시고, 어떤 분은 경쟁이 결과적으로나 효율적인 측면에서 필요하다고 주장을 하신다. 어쨌든 우리가 타임머신을 타고 구석기 시대나 아주 먼 미래로 가지 않는다면 우리가 살아가는 시대가 경쟁이 존재하는 사회라는 것을 부정할 수는 없다.

그런데, 그렇다면, '건강한 경쟁인가?'라는 논제로 넘어가 보면 좀 더 많은 부분에 대해, 즉 경쟁에 참여하는 개개인의 내면, 동기, 마음의 자세를 살펴볼 수밖에 없다. 예수님께서 말씀하신 회칠한 무덤이 될 수 있기 때문이다. 밟고 일어서는 것인가, 상생의 수단인가의 여부는 경쟁에 참여하는 한 개인의 내면, 그 진실성을 점검해 보아야 하는 것이다.

하나님을 찾는다며 성경을 읽기 시작할 즈음 조금씩 더 알아가는 하나님의 기준, 나를 훤히 알고 계시는 하나님 앞에서 나의 내면, 나의 안에 있는 것들에 대해 살펴보기 시작한 것이다.

내가 당연하다고 여기며 습관처럼 굳어 버린 나의 무한경쟁의 자세, 우월한 위치 선점의 사고방식과 시야에 대해, 성경을 읽을수록 내 안에서는 생채기가 나고 있었다. 나 스스로 높으며 내 자신이 교만한지 조차도 모르고 있던 내가, 어두운 밤에 가로등 바로 밑에 서 있는 철없는 어린아이처럼 훤히 드러나는 내 모습을 조금씩 느껴 가고 있었다.

성경을 읽기 이전까지 살아온 나의 실체는, 나보다 잘난 사람을 보면 입을 다문 채 속으로 '씨발 씨발'거리는 질투심 가득한 괴물이었고, 나보다 못난 사람을 보면 입을 다문 채 속으로 '병신새끼'라며 멸시와 무시를 일삼는 '추악하고 저급한 가벼움'이었다.

방학을 맞아 아르바이트를 찾던 중에, 옆집에 살던 누나의 친구분께서 식당을 차렸다는 소식이 들려왔고, 성실하고 신뢰할 만한 배달 아르바이트생을 찾고 있다 하였다. 누나의 권유로 몇 가지 생각을 가져 보며 내가 오토바이를 잘 탈 수 있을지, 사람들의 시선은 어떨지, 한국 사회에 없지 않게 존재하는 계층 의식으로 인해 업신여김이나 무시를 당하지 않을지 염려가 되기도 하였다. 하지만 교만했던 내 마음 그 실체를 깨뜨리기에는 적절할 것이라 생각되어 흔쾌히 승낙을 하고 일을 시작하였다.

오토바이를 타는 것은 자동차를 타고 실내에서 도로 위를 이동하는 것과는 많이 달랐다. 고속의 자동차들이 불과 50센티미터 옆에 지나감에도 내 몸에 대한 보호 장비나 방어막 없이 내 몸이 그러한 것들에 노출되어 있었다. 하지만 그보다 음식을 주문하신 분들이 나를 대하는 태도에 적응하기가 더 힘들었다. 빌딩 앞에 오토바이를 세웠다는 문제로 경비 아저씨들과 발생하는 말다툼, 음식을 받고 계산하시는 분들의 하대는 적잖이 낯설었다. 스무 해 남짓 존중과 칭찬을 받으며 지냈던 나였기에 더욱 그러한 듯했다. 고속으로 달리는 자동차 사이에 내 몸이 노출된 것과 같이, 나의 마음은 별 대수롭지 않게 함부로 나를 대하는 분들 사이에 노출되어 있었다.

사회에서 인정받고 존중받기보다 재촉과 하대를 쉽사리 받는 일을 하면서, 그동안의 삶과는 정반대인 경험은 나를 다양한 사색으로 이끌어 주었다. 나조차도 인식하지 못했던, 배달원분들을 대하던 태도를 그분들의 입장에서 생각할 수 있게 해 주었고, 그 밖에도 예전엔 미처 생각지 못했던 것, 보지 못하던 것들에 대해 발견해 갈 수 있었다. 그러면서 '역지사지'라는 것은 내가 직접 그 입장이 되어 보기 전에는 한계가 있을 수 있다는 점도 배워 갔다.

배달 주문 전화는 순차적으로 걸려오지 않는다.
오전 11시 40분경부터 10분 안에 10통의 전화가 몰려오기도 했는데, 보통 짧은 시간에 집중적으로 들어오는 편이었다. 업소에서는 전화가 온 순서대로 음식을 내보내야 했고, 배달을 하고 업소로 다시 돌아왔을 때에야 다음 배달을 할 수 있었기에, 10~20분 안에 수많은 주문전화가 들어온 경우, 결국 한정된 배달 인원으로 몰려든 전화주문을 제시간에 소화한다는 것은 불가능에 가까웠다. 짧은 시간에 주문전화가 여러 건 들어온 경우, 점심 12시 전에 전화주문이 들어왔다고 해도 마지막 전화주문 손님은 1

시 반, 혹은 2시에 음식을 받게 되는 경우가 허다했다. 주문하신 분들의 태도는 확연했다. 배꼽시계는 무서운 것임을 알아가기 시작할 즈음이었다. 하지만 그와 동시에 나에게 성을 내시는 분들을 보면서, '나도 얼마 전까지 저 위치에, 저 자리에 있었구나'라는 생각을 가져 보며, 경험하지 않았다면 몰랐을 세상에 대해 눈 뜨고 알아 가는 시간이었다.

비가 오면 비와 땀에 젖고, 눈이 오면 때론 음식들과 함께 눈길에 넘어지며 배달하시는 분들의 고초를 알아가고 있었다. '공부 안 하면, 저런 일 하는 거야!'라며 손가락질하는 분들의 천박한 명제는 이제 나의 관심사가 아니었다. 가정집에 배달을 가면, 으레 입구에 널브러진 신발들을 비집고 들어가 거실 입구에 음식들을 내려놓는다. 운동화, 구두, 슬리퍼들에서 올라오는 온갖 신발 냄새를 맡으며, 음식을 내려놓고는 음식을 주문하신 분이 건네는 음식 값을 받는다. 나는 구부려 앉은 채로, 돈을 내미는 분은 서 있는 채 허리 아래로 내미는 돈을 받는 것이다. 돈을 주는 상대방은 선 채로 팔을 쭉 뻗어 허리 아래로 돈을 내밀고, 음식을 놓느라 구부릴 대로 구부린 채의 자세로 나의 눈높이보다 높은 곳에서 건네지는 돈을 받는다는 것, 당연한 일이지만 묘한 느낌이었다.

어느 날, 여느 때처럼 배달을 가고 초인종을 눌러 음식을 내려놓고 있었다. 온화한 얼굴의 아주머니께서 거실로 나오셨고, 그분은 내가 음식을 내려놓는 동안 본인께서도 무릎을 꿇고는 음식을 받으셨다. 음식을 모두 받고 돈을 건네기까지 아주머니께서는 나와 같이 몸을 낮추고, 눈높이도 맞춘 채로 나를 응대해 주셨다. 내가 음식을 모두 내려놓자 그 아주머니께서도 무릎을 꿇으신 채로 두 손을 모아 내게 음식 값을 건네주셨는데 이 또한 묘한 느낌이었다. 인사를 하고 그 집을 나선 후 엘리베이터를 기다리는 동안 그 집 대문을 한동안 바라보고 있었는데, 그 집 대문 앞에 교회 명패가 붙어 있었는지는 잘 기억나지 않는다. 하지만 '저분은 역지사지를 실천하실 줄 아는 분이구나' 하고 감동했던 기억이 남아 있다. 사람에게서 좋은 향기가 날 수 있다는 것을 보여 주신 그 아주머니를 떠올리며 '나도 저렇게 성숙한 모습의 사람이 될 수 있을까'라는 생각을 가졌던 것은 분명히 기억한다.

나를 싫어하는 나

　교회에 출석하시는 분이라면 하나님께서 인간을 하나님의 형상대로 만드셨다는 것을 익히 알고 있다. 때문인지, 나는 가끔 이런 생각이 들었다. '인간을 하나님의 형상대로 창조하셨다는데, 하나님처럼 영으로 존재하지 않고 왜 육체를 입고 살아갈까….' 예수님께서는 육체를 '집'이라고 표현하시기도 했는데, 왜 그러한 표현을 쓰신 것일까. 왜 하나님처럼 영으로 존재하지 않고 육체를 입고 있어 시간과 공간의 한계를 갖고 살아가는 것인지 의문이 들었던 것이다.

　삼십 대가 되면서 드는 생각으로 이에 대한 나름의 몇 가지 답을 내어 본다.

사회생활을 하며, 다양한 사람들을 만나고 대하다 보면, 한 명 한 명의 영혼, 즉 자아의 성숙함이 천차만별인 것을 경험한다. 오십 대의 나이에 초등생과 같은 자아에 머무는 분도 계시고, 십 대이지만 삼사십 대의 인격에 이르러 살아가는 청년들도 볼 수 있다.

겉으로 보기엔 모를지라도, 사람을 직접 겪다 보면 알게 되는 내면의 실제 자신, 속사람에 대해 우리는 자연스레 알아가게 된다. 멀리 보지 않더라도 나 자신이 사춘기를 지나 성인이 되던 시기에 나 자신의 속사람, 나의 영혼에 대해 스스로 느낀 것은 '참을 수 없는 가벼움'이었다. 부족함 투성인 채로, 당당하지도 못한 채로, 약할 대로 약한 내 모습을 나는 스스로 느끼고 있었던 것이다. 어둡고 음습한 부분은 또 얼마나 많았던가. 때론 누군가를 미워하여 괴물 같은 몰골을 하고 있는 내 마음. 시기와 질투로 기형적으로 굽어 있는 나의 자아. 인간이 육체라는 옷을 입지 않고 하나님처럼 영의 모습으로 속사람을 그대로 보여 주며 살았다면, 자신감을 넘어 스스로 교만하다가 크게 한번 넘어져 절뚝거리던 내 영혼의 모습을 적나라하게 보여 주어야 했을지도 모를 일이다. 다른 사람을 바라보기보다 우선 나 자신만 보아도, 육체를 입고 살아가지 않고 하나님처럼 영으로 살았다면… 그래서 나를 대하는 사람들이 나의 영혼을 있는 그대로 투명하게 볼 수 있었다면 얼마나 부끄러웠을까 하는 생각에 이른 것이다. 육체를 입고 사는 우리네 직장인들 중에는 넥타이를 머리에 두르고 밤새 술과 노래로 불타는 금요일을 보냈더라도, 월요일 아침이면 다시 넥타이를 목에 두르고 점잖고 교양 있는 모습으로 출근하지 않던가.

그렇다면 하나님께서는 나의 영혼의 상태와 성숙함, 성장의 정도가 어떠한지 훤히 알고 계시지만 육체라는 집을 주셔서 그러한 것들이 드러나지 않은 채 성장해 갈 수 있게 해 주신 것이라면 이것은 하나님의 선물이라는 생각이 들었다.

하나님을 찾고 성경을 읽으며 점점 더 선명하게 나 자신을 볼 수 있었지만 그만큼 그동안의 나 자신에 대한 실망, 혹은 부끄러움도 커져 갔다. 눈에 넣어도 아프지 않을 만큼 사랑스러웠던 첫사랑의 마음을 헤아리지 못한 채 떠나보냈던 나. 공부든 음악이든 운동이든 경쟁에서 이기고 타인보다 조금 더 잘한다고 교만했던 나. 성경을 읽을수록 하나님의 기준에서 멀리 살았음이 드러나는 나… 켜켜이 쌓여 있던 나의 부족함과 허물들을 단절하고 싶은 마음에 언젠가는 하나님께 기도를 드린 적이 있다.

'하나님, 왜 이렇게 부족함 많은 존재로 살아가는 거죠?'

'언제쯤 성숙하고 온전하게 살아갈 수 있는 건가요?'

'아님, 애초에 부족함 많은 존재로 창조된 건가요?'

반대로 생각해 본다면, 성경을 읽을수록, 하나님을 알아갈수록, 하나님은 지극히 완전하시고 거룩하시다는 것을 자각했기에 그러했던 듯하다.

이러한 기도를 드린 후에도 십 년이 넘게 나는 나의 허물과 부족함에 허덕이며 하나님처럼 인격과 인품의 마징가 Z가 되는 것을 갈망하며 살아왔다. 그런데 이제 하나님께서는 그때 드렸던 기도에 대한 응답을 새롭게 주신 듯하다. 혹은 내가 이제야 깨달은 것일 수도 있을 것이다.

'갓 태어나 아직 무언가를 갖추지 못한 아기가 못나거나 부족한 것이 아니듯 너도 나의 사랑을 받고 채워져 가고 나의 사랑을 받으며 성장해 가면 된다'는 것이었다.

어쨌든 하나님을 알아가던 그때에는 하나님을 알아갈수록 나 자신의 작음에 대해 몸서리치고 발버둥치며 살아가고 있었다. 그래서 그동안의 교만과 자고와 어두움으로 부실공사투성이였던 나의 삶을 단절시킬 수 있는 실천적 활동으로 '음식 배달원'은 적절한 것 같다는 생각이 들기도 하였다.

장마철이 되자, 우산은 자주 써 봤지만 내가 살아가는 동안 우비를 입고 오토바이를 타는 일이 있을 줄은 생각지 못했음을 자각하고 있었다. 높은 습도와 온도 속에서 우비를 입고 일을 한다는 것은 생각만큼 쉬운 일이 아니었다. 대부분의 우비는 비닐 재질이어서 통풍이 되지 않고, 입은 지 한두 시간이 지나면 우비 안쪽에 습기가 차기 시작한다. 더운 온도에 땀까지 섞인 채로 있는 건 여간 찝찝한 게 아니었다. 오토바이로 배달을 하며 시속 60킬로미터로 도로를 달릴 때, 얼굴에 부딪히는 따가운 빗방울을 그대로 맞으며, 그날도 별 탈 없이 아르바이트를 마치고 집으로 향하던 길이었다.

'힘들었지만, 좋은 경험이었다.'

머릿속으로 스스로 만족하며 자족하는 뿌듯함으로 발걸음을 옮길 즈음, 문득 나는 내가 가졌던 '생각을 생각해 보게' 된다.

'좋은 경험?'

'누군가에게는 직업이고, 너한테는 경험이냐?'

내가 일하던 가게의 상가에는 중국집 배달원, 치킨집 배달원, 세탁소 배달원분들도 계셨다. 그분들은 각자의 위치에서 힘들더라도 열심히 일하시며 생계를 유지해 가시는 분들이었다. 마치 공장에 견학 나온 철없는 학생마냥 무심코 했던 생각, 그 의식의 배경을 생각해 보지 않을 수 없었다. 저렇게 오토바이를 타시며 저 일을 생업으로 삼으신 분들은 원래 저런 일을 하실 분들이고, 나는 원래 이렇게 힘든 일, 허드렛일을 할 사람이 아니지만 겸손해져 보겠다고, 낮아져 보겠다고 경험하는 것이라는 잠재의식이 나의 생각에 배경으로 깔려 있다는 것을 깨닫는 순간, 나는 나 자신의 교만이 얼마나 뿌리 깊은지 스스로 놀라고 있었다.

'저분들이 땀 흘려 일하시므로, 저분들의 자녀들이 식사를 하고, 학교를 가고, 생활을 유지해 가실 텐데, 저분들의 수고가 가볍단 말인가.'

'나는 왜 이런 일을 하실 분들이 따로 있고, 나는 아니라고 생각했던가.'

'열심히 성실히 일하는 직업에 귀천이 어디 있으며, 예수님도 평범한 목수이지 않으셨던가.'

마치 왕자와 거지 놀이를 하듯, 나는 왕자이지만 잠시 거지행세를 하며 겸손을 배워 보겠다고 고상한 척했던 나 자신에 대해, 그 스스로를 속인 교만한 모습에 대해 놀랄 따름이었다.

/ 교회로의 첫 출석 /

chapter 02

미션스쿨, 대학생활

"아버지, 저 오토바이 어떠세요?"

"저건, 사치야~."

멀리서 크고 우람한 오토바이가 굉장한 배기음과 함께 아버지와 내 앞을 지나갔다. 당시에 아버지께서는 주변에서 흔히 볼 수 있는 125cc의 비교적 작은 오토바이를 타고 계셨기에, 아버지의 의중을 살펴볼까 하는 마음에 일부러 아버지께 질문을 드려 보았다. 아버지께서는 짧은 답변과 함께 무심하신 듯 고개를 돌리셨다. 하지만 내가 느낀 것은 아버지께서도 멋진 오토바이를 좋아하시는 것 같다는 생각이었다.

그해에는 재수학원을 다니며, 학원에서 만난 자상한 형을 통해 내가 다니던 천주교를 떠나 처음으로 출석할 교회를 정하던 시기였다. 아버지께 개종을 하고 교회를 다니겠다고 말씀드리자 상식선에서의 반응을 보이시고는 언제나 그러하셨듯 나의 결정을 존중해 주셨다. 한 가정에서 두 군데로 나뉘어 신앙생활을 하면 좀 그렇지 않겠냐는 정도로만 말씀해 주셨다.

수능을 치른 후, 입학을 하기 전까지 잠시 예전에 했던 음식점에서 배달 아르바이트를 하게 되었다.
차근차근 아르바이트비를 모아서 아버지께 우람하고 멋진 오토바이를 사드리고 싶어서이기도 했다. 예전에 경험했던 일이어서인지 음식 배달 일은 순조롭고도 익숙하게 할 수 있었.

날씨가 좋았던 어느 날, 가게에 들어서자 나에게 전화가 왔다며 사장 아주머니께서 수화기를 건네주셨다. 가게로 나를 찾아 전화할 사람이 없는데, 누구인지 궁금해하며 수화기를 집어들자 큰매형의 낮은 목소리가 들려왔다.

"아버지께서 돌아가셨어…."

건강하시던 분이 갑자기 돌아가시다니 무슨 말씀이냐고, 위독하신 것인지 돌아가신 것인지 재차 물었지만, 매형의 대답은 같았다.

환갑을 넘기시고, 당뇨가 조금 있기는 하셨지만, 건강하게 지내시던 분이었다. 병원에 도착해 보니, 심장마비로 119에 실려 오신 상태였고, 아버지의 호흡은 멈추어 있었다. 장례를 치르기 전, 아버지께 입맞춤을 하고 그렇게 임종을 뵙지 못한 채 아버지를 보내 드렸다.

청년부에 출석한 지 얼마 되지 않았음에도 목사님들과 교회 형님들이 많이 와 주셨고, 장례를 치르는 동안 음식 수발 등으로 많은 도움을 주셨다.

아버지의 장례를 치르고, 너무나 갑작스레 일어난 일들로 인해 말로 설명하기 힘든 여러 감정이 뒤엉킨 채 집에 도착하였다. 장지에 다녀와 지친 몸을 가누고 있던 나에게 또 한 통의 전화가 걸려왔다. 수능시험을 다시 치르고 지원한 대학에 합격하였다는 전화였다. 당시 나이 스물두 살이었다.

부모님이 갑작스레 돌아가신다는 것은 상상할 수 있는 충격 이상의 일이었다. 인간은 누구나 죽으니 우리 부모님도 언젠가 돌아가시겠지, 라는 생각의 연장선상에서 받아들일 수 있는 일이 아니었다. 항상 함께 말을 주고받고, 살을 부대끼고, 언제나 든든하게 곁에 있어 주던 존재가 '이 세상에서 더 이상 존재하지 않는다'는 사실이 믿겨지기까지 개인적으로 5년 정도의 시간이 걸렸다. 그 5년이란 시간 동안에는 멀리 여행을 가게 되면 잘 도착했다고 아버지께 안부 전화를 드리려 공중전화기를 찾다가 공중전화 부스에 가까이 도착해서야 아버지께서 돌아가셨다는 사실을 상기하고는 전화 부스 앞에서 발길을 돌리는 일이 계속되었다.

땅이 나를 잡아당기는 듯한 무기력함과 말로 설명하기 힘든 무거운 감정에 휩싸이고 있었지만, 이십 대 청년에게 다가오는 여러 일들을 그저 미루어 두기만 할 수는 없는 상황이었다. 군 입대 영장, 새로이 합격한 대학교 등록, 사랑했던 여자친구와의 헤어진 일, 아버지를 떠나보낸 일… 차근차근 감당해 나가야 했다. 그러나 내가 군 입대를 하게 된다면 누님들을 출가시키고 아버지를 떠나보내시고 홀로 2년을 보내실 어머니 생각이 들어, 한 해, 두 해 그렇게 2년간 입대 연기를 하였다. 미션스쿨로 정한 대학교 등록은 큰매형의 도움으로 진행할 수 있었다.

아버지께서 생전에 종교를 갖지 않으시다가, 돌아가시기 몇 해 전에, 성당에서 세례를 받으셨다는 사실에 위안을 삼으며 군 입대를 앞두고 두어 해를 보내었다.

입학한 학교는 미션스쿨이었다. 언더우드 선교사님께서 서울에서 연세대학교를 세우실 때와 비슷한 시기에 대전에서 린튼 선교사님께서 설립하신 학교였다. 학교를 처음 방문하신 분들께서 한결같이 감탄하실 정도로 나무가 아름답게 우거진 캠퍼스였다. 봄이면 캠퍼스 전체가 푸름으로 가득 차고, 가을이면 알록달록한 낙엽들로 가득 채워져 사색하며 걷기에 좋았다. 미션스쿨이라는 특성으로 인해 채플 수업을 들을 수 있었는데, 채플 수업을 이수해야만 졸업을 할 수 있어 어쩔 수 없이 참석하는 학생들도 있었지만, 나에겐 축복이라 여겨질 만큼 감격스런 시간들이었다. 교회에서 예배를 드리고 친교를 하는 것과는 다른 방면으로 기독교적 문화를 접하고 찬양을 할 수 있다는 것이 감사하였다. 다양한 분야의 강사님들께서 강연을 해 주시고, 채플 수업 전 성가대와 찬양단의 찬양을 함께 따라 부를 수 있다는 것은 그동안 찾고, 바라던 하나님에 대하여 더욱 가깝고 구체적으로 접근할 수 있는 감사한 시간들이었다.

아버지께서 돌아가신 해에 대학교를 입학하였으니 학비는 어떻게 마련해 본다 해도 하루하루의 생활비는 나 스스로 마련해가야 했다. 학교 수업과 아르바이트를 병행해야 했기에 그다지 근로시간이 길지 않은 파트타임 정도의 일을 찾아야 했다. 마침 집 근처에서 새벽 녹즙 배달원을 모집하는 공고를 접할 수 있었다. 새벽 두세 시에 일어나 서너 시간의 배달을 마치고 학교에 등교할 수 있는 파트타임 자리였다. 오토바이를 타고 배달 일을 했던 게 경험이 되어서인지 어느 정도의 자신감을 갖고 일을 시작할 수 있었다. 새벽에 일찍 일어나 아르바이트를 하고 아침에 학교에 등교하여 수업을 듣기 위해선, 그리고 공부도 병행하기 위해서는 하루를 알차고 빼곡하게 열심히 지내야 했다. 혼자 있을 때면 여전히 아버지와 이야기를 나눌 수 없는 먹먹함과 믿겨지지 않는 공허함이 상존했지만 언젠가 하늘나라에서 다시 아버지를 뵐 수 있을 것이란 생각으로 스스로 그렇게 위로하였다.

행정학부로 입학하여 2학년 때에는 법학과로 전과를 하였는데, 사법시험을 준비하고자 결심했기 때문이었다. 사법시험 합격은 하나님께 드리고 싶은 선물이었다. 스무 살을 지날 무렵 어느 겨울, 함박눈이 쌓이던 날, 무엇이 그렇게 힘이 들었는지 나는 자살을 생각한 적이 있었다. 자주 가던 유천동의 현대아파트 옥상에서, 눈이 소복이 쌓여 온통 하얀색 세상이던 밤에, 그 옥상에 누워 하늘을 바라보다 잠들어 그대로 생의 마침표를 찍기를 바랐던 것이다. 서너 시간여를 눈밭에서 잠들어 있다 새벽녘에 눈을 떴을 때, 내가 아직 살아 있음을 인식하고 벗어 놓았던 옷을 입고는 집으로 향하였다. 삶에 대한 의욕보다 현실에서 비껴가고 싶어 하던 때였다.

비슷한 시기에 산책을 하며 묵상을 하던 중, 여느 때처럼 공원의 벤치에 앉아 예수님에 대해 생각을 하고 있었다.

'우리를 위해 돌아가신… 나를 위해 돌아가신….'

다 컸다고 스스로 생각할 만한 이십 대, 그래서 이십 평생이라는 한계 속에서의 생각으로 나 자신을 바라볼 때, 그동안 해온 것이라고는 세상에서 내가 제일 잘났다는 교만과 남을 위하기보다 내 욕심만을 채우려 살아가고, 경쟁심에 가득 차 남을 이기려고 애쓰기만 하며 살아왔던 나. 아버지께는 잘해 드리고 효도하기보다 용돈만을 타서 쓰고자 철없이 굴다 아버지를 떠나보내고, 곱고 착했던 첫사랑에게는 눈물만을 남겨 준 어리석은 사람. 그게 나라는 생각이었다. 나 스스로 단지 우울함에 갇혀 있는 것인가 재차 생각해 보아도 이런 어리석고도 어리석은 사람을 위해서 예수님께서 대신 죽으셨다니. 뭐 남는 게 있다고 나 같은 사람을 위해 목숨까지 주셨나… 이렇듯 가치 없는 존재로 나 자신을 생각하던 나였지만 그런 나를 위해 예수님께서 대신 죽으셨다면 예수님을 위해서라도 살아갈 가치가 있다는 생각이 들었다. 그러고는 나를 위해 돌아가신 예수님을 위해서 나도 예수님께 무언가 해 드려야겠다는 다짐도 가져 보았다. 예수님께선 생명을 나에게 선물로 주셨다면 내가 할 수 있는 것들 중에 한 가지로서 삶에 대한 포기가 아닌 삶에 대한 의지와 열매를 하나님, 예수님께 드리고자 했던 것이다.

학교생활과 아르바이트를 병행하기 위해선 하루 24시간을 생각해 보지 않을 수 없었다. 4~5시간의 취침시간을 우선적으로 제외하고 나머지 시간을 수업 출석과 공부, 일을 하는 시간으로 빼곡하게 활동해야 했다. 각종 시험이 있을 때면 과연 내가 세운 하루 계획이 가능할지, 달성할 수 있을지 의심이 들기도 했지만 하루를 마치고 잠자리에 들 때면 '이러한 삶이 가능하기도 하구나'라는 뿌듯함이 들 때가 많았다. 그동안 내가 생각지 못했던 내 안의 에너지와 잠재력을 느낄 수 있는 시간이기도 했다. 옆집 아주머니께서 기도를 열심히 하라는 말씀 덕분에 나의 하루에 하나님께 고백하는 기도의 시간이 어느새부터인가 들어와 있었다. 육체는 피곤해도 마음이 피곤하지 않다면 발걸음까지 무겁지는 않다는 것을 배워 갈 수 있었다.

새벽에 하는 녹즙 배달 구역은 집에서 그리 멀지 않았다. 아파트 단지와 단독주택을 함께 병행하며 서너 시간을 할애하여 주어진 분량을 마칠 수 있었다. 새벽 배달을 시작하고 나서 알게 된 것은 대부분 가정집의 대문 근처에 신문 배달 주머니 혹은 우유 배달 주머니 한 개씩은 달려 있다는 것이었다. 새벽 동선이 익숙해질 즈음, 여느 때처럼 아파트 단지로 들어서 녹즙을 배송하는 중이었다. 깊은 밤 새벽녘인지라 길거리에 다니는 사람들은 없고 저막할 뿐이었지만, 새벽기도회에 가시는 성도분들을 태우려는 교회 승합차가 이따금씩 시야에 들어오곤 했다. 새벽 4시 30분쯤 엘리베이터에 올라 13층 버튼을 누르고 녹즙을 대문 앞 주머니에 넣고는 엘리베이터 문이 닫히기 전에 재빨리 다시 엘리베이터에 올라타며 1층을 눌렀다. 시간을 단축시키기 위한 방법이었다. 웬일인지 그날은 엘리베이터가 내려가는 도중에 9층에 잠시 멈춰 섰고, 연세가 지긋하신 할머니께서 엘리베이터에 오르셨다. 고속 엘리베이터가 아니었던 관계로 차근차근 층수를 바꾸며 내려갔고, 그 좁은 실내에는 정적만이 흐르고 있었다. 할머니께서 엘리베이터 문을 꼿꼿이 바라보고 서 계시다 내게 짧은 말을 건네셨다.

"내가 새벽에 기도회에 가야 되니까, 이 시간에 엘리베이터 이용하지 마세요."

짤막한 말씀이었지만, 긴 여운이 따라오는 말씀이었다.

내 머릿속에서도 스파크가 일어나듯 여러 생각이 순식간에 들었다.

엘리베이터 앞에 서 계셨을 테니, 13층을 다녀온 것도 아실 테고, 내가 엘리베이터를 이용함으로 인해 할머니가 내려가는 데 지연될 수 있는 시간은 5초 정도가 채 되지 않았다.

'걸어서 올라가란 말씀인가?'

생각해 보니 그것도 아닌 듯했다.

이제 갓 교회를 출석하기 시작하고, 성경을 읽어 가기 시작하고, 하나님을 알아가던 나는 여러 생각이 교차하며 들던 중에, 상황에 적절하고 필요한 대답이란 생각으로 그저 '알겠다'는 짤막한 답변을 드린 후 엘리베이터를 빠져나왔다. 남은 배달 시간 내내 나의 머릿속은 끊임없이 이어지는 물음표가 계속해서 붙여져 갔다.

'저분은 무엇을 위해 기도회를 가시는 것일까…'

'저분이 그리스도인이라면, 잠시도 타인에게 양보하지 못하는 삶과 행동이 이 세상에서 어떠한 영향을 끼치며 어떠한 세상을 만들어 간다는 것을 아실지…'

'새벽기도회에 열심히 나가신다고 해서, 방금 전과 같은 일을 행하시고 하나님 앞에 선다면 하나님께서 기뻐하실지…'

여러 생각과 감정이 교차하였다. 이후에 시간이 흐르며 알게 된 사실이지만 한국교회에 그 할머니와 같은 자세로 교회를 출석하는 분들이 적지 않다는 것을 알게 되기까지 그 할머니에 대한 기억은 반면교사로서 나의 삶에서 선명히 기억되어 갔다.

밖에서 보았을 때보다 넓은 공간과 높은 천장. 정면의 대리석 벽면을 배경으로 커다랗게 세워져 있는 갈색의 나무 십자가. 그 십자가 양 옆으로 배치되어 있는 성가대석과 짙은 갈색의 가구들로 채워져 있는 교회당에 처음으로 발걸음을 내딛는 날이었다. 다니던 성당을 떠나 개신교로의 출석을 시작하는 것은 적어도 나에겐 삶의 방향과 의미를 송두리째 달리하는 나에게 주어진 선택이었다. 내 삶의 방향에 대한 총체적인 관점에서 하나님 앞에 나아가고자 할 때 내가 내디뎌야 할 첫 단추로서의 행동이었다. 익숙해져 당연하게 여겼던 것들을 내려놓고 스스로 성경을 읽고 기도하며 내가 나아가야 할 길을 찾는다는 것, 그것은 용기가 필요한 행동이었다.

재수 학원에 다닐 당시 만나게 된 D형의 배려로 편안한 마음으로 교회를 방문할 수 있었다. D형이 교회분들에게 미리 일러두어 나의 낯섦과 어색함을 덜어주실 몇몇 분들을 미리 배치해 놓기도 했다는 것을 나중에 알 수 있었다. 미사가 아닌 예배라는 용어의 의식을 진행하며 그 절차와 분위기에 있어서도 성당에서와는 조금씩 다른 차이를 느낄 수 있는데 가장 두드러지게 달랐던 점은 목사님의 설교 부분이었다. 성경에 대해 말씀해 주시며 좀 더 구체적이고 실질적이라는 느낌을 갖기도 하였다. 내가 무언가 경건한 의식을 진행하고 있다는 자아도취, 자아만족보다 하나님의 말씀에 대해서, 하나님의 존재에 대해서, 예수님의 행동에 대해서 듣고, 배울 수 있다는 것에 감사하였다. 흔히 말하길 주일성수를 하지 않으면 안 좋은 일이 생길 것 같은 찝찝함이 들어 주일에 집을 나선다고 말씀하시는 분들이 계신데, 결핍을 메워 내 양심의 만족을 얻는 차원의 행사가 아닌, 하나님께서 살아 계시기에 그 하나님을 섬기고 예배하기 위해 무엇을 해야 하는가의 첫 단추로서 만족스럽다는 생각이 들던 시간이었다.

예배가 끝날 무렵, '교회에 처음 나오신 분들은 일어나 주십시오'라는 목사님의 말씀에 얼떨결에 일어나 축복송이라는 것을 듣게 된 것은 어색하면서도 감사한 일이었다. D형의 배려로 바로 옆에 앉아 예배 진행의 순서들을 도와주신 분께서 나를 향해 두 손을 벌려 축복노래를 불러 주시는 것을 볼 수 있었다. 진심을 표현할 수 있다는 것, 표현해 준다는 것은 얼마나 감사하고 희박한 일이던가.

예배시간 내내 시선이 집중되던 곳, 단상에서 예배를 인도하시는 담임목사님은 온화하고 따뜻한 인상을 가지신 분이셨다. 예배가 끝나고 성도분들과 일일이 인사하시고 식사도 함께 하시느라 분주해 보이셨지만 당회장실이라는 곳에서 담임목사님과 간단한 인사를 나눌 수 있었다.

1주, 2주, 그렇게 서로 간에 얼굴을 익히고 하나님을 찬양할 수 있는 공간과 시간에 있을 수 있다는 사실에 감사하며…. 성경을 읽기 시작한 시점부터 교회를 출석해야겠다고 다짐하기까지, 바람이 볼을 스쳐

흐르듯 자연스럽게 만나 뵈었던 분들이 떠올랐다. 옆집 아주머니, 첫사랑이 되어 준 여자친구, 재수학원에서 만난 D형… 그리고 무엇보다 나의 영혼이 앞으로 내딛을 발걸음이 어디인지 기도드릴 때, 나의 기도에 응답하여 그 시간과 공간에 내가 있을 수 있도록 인도하신 하나님께 감사하였다.

교회분들의 환대는 일반 사회 공동체에서의 모습보다 따뜻했으며 적극적이셨다. 처음 나선 공동체에서 얼마나 낯설고 조심스러울지 상대방의 마음을 헤아려 주시는 그분들의 의도가 나의 마음에 닿아 있었다.
두 번째로 교회를 출석했을 때, 부목사님들과 전도사님들을 만나 뵐 수 있었고 부목사님께서는 교회에 대하여 여러 설명을 해 주셨다. 내가 출석한 교회는 대한예수교장로회 통합 측 교단에 속한다는 말씀과 천주교에서 세례를 받았으니 세례교육이 아닌, 입교교육을 받으면 된다고 안내해 주셨다. 처음 들어 보기에 생소했던, 대한예수교장로회라는 용어와 통합 측은 또 무엇인지 궁금하였지만 차근차근 알아 가면 되겠다 생각하였다.

무언가 느낄 수 있다는 것. 서로 얼굴을 대면하고 직접 대화하지는 않았지만 나의 일생의 걸음에서 내가 지금 서 있는 장소에 인도되어지고, 지금의 순간에 이르러 있다는 자각은 하나님의 커다란 섭리를 생각해 보게 했다. 결단을 하고 나선 그곳, 그 순간은 나의 의지로 만들어졌다고 할 수 없는 일들이었기 때문이었다.

　출석하기 시작한 교회는 입학한 학교에서 도보로 15분 정도가 걸리는 가까운 거리에 있었기에 학교 수업을 마치고 집으로 향하는 길에서 차창 밖으로 보이는 교회가 눈에 들어올 때는 감사가 우러나오는 흐뭇한 미소를 지을 때가 많았다.

　방학을 맞이하여 D형의 추천으로 아르바이트를 시작하였다. D형이 알고 계시던 타 교회 집사님의 식당이었다. 오토바이 배달 경험을 알고 있는 D형이 집사님께 소개해 주어 만나 뵐 수 있었다. 새 신자라고도 할 수 있는 나의 소망 중에 한 가지는, 목사님의 설교가 나오는 라디오 방송이나 찬양곡이 흘러나오는 곳에서 일을 하는 것이었고, 마침 집사님의 가게에서 언제나 들려오는 라디오의 극동방송을 들으며 근무할 수 있었다.

　한두 달여가 지나고, 집사님과도 친분이 생기면서 집사님께서는 나에게 집회에 같이 가 볼 것을 권유해 주셨다. 일이 끝난 후, 자정 무렵에 어느 교회에서 부흥집회가 있으니 참석해 보자는 말씀이었다. 몸은 피곤하지만 마음은 전혀 피곤하지 않았기에, 늦은 저녁 시간에 집사님께서 말씀하신 부흥집회를 참석할 수 있었다.

당시에 나는 교회를 다닌 지 1, 2년밖에 되지 않아, 부흥회나 사경회 등의 집회에 대해 잘 알지 못하였다. 집중적으로 기도를 한다거나 초청된 강사님의 설교말씀을 듣는 정도로 여기고 있었다. 그런데 집회가 시작되자 나의 눈과 귀는 생소한 경험을 할 수 있었다. 옆 사람의 찬양소리가 잘 들리지 않을 정도로 큰 반주소리 속에서 각자 통성기도를 하는 장면과 기도를 하시다가 뒤로 쓰러지셔서 누운 채로 기도하시는 장면들을 볼 수 있었다.

찬양시간이 끝나고 집회를 인도하시는 목사님(당시에는 부흥사님이라 칭했다)과 골방에서 1:1 면담을 하는 시간이 이어졌다. 처음으로 참석하는 자리였기에 집사님께서 동행하여 골방에 들어와 주셨고, 집사님께서는 자리에 앉기 전에 목사님에게 흰 봉투를 건네주셨다. 아마도 돈이 들어 있는 봉투처럼 보였기에 '헌금을 저렇게 하시는가 보다'라고 생각되었다. 목사님은 짧은 면담 후에, 내가 후일에 미국에서 신학교를 세울 사람이라고 말씀해 주시고는 열심히 기도하고 준비하라는 말씀도 덧붙여 주셨다. 개인 간 1:1 면담이 끝난 후, 다시 찬양시간이 이어졌는데, 특별히 방언을 하지 못하는 분들이 방언이 터지도록(지금도 그럴거니와 교회 안에서는 방언을 하기 시작한다는 표현보다 방언이 터졌다는 표현을 많이 쓴다) 안수하겠다는 목사님의 말씀이 있었다. 대중가수의 콘서트 때보다도 큰 소리의 전자오르간 반주 음악이 흐르는 중에, 나도 방언을 하면 좋겠다는 생각에 열심히 기도를 하고 있었는데, 내가 방언기도를 하지 않는 것을 아시고 목사님께서 내게 가까이 오셔서 내 머리에 손을 얹으시고 기도를 하셨다. 목사님께서 내 머리에 손을 얹는 행동을 하신 후, 15분여가 지났을까. 목사님의 안수 후에도 내가 방언을 하지 않자, 목사님께서는 조용히, 그리고 천천히 내게 다가와 귓속말을 해 주셨다.

"라라라라 빨리 하세요."

다양한 생각이 들었다.

'조금 이상한 느낌인데… 꼭 라라라라 해야 하나?'

'방언은 자연스럽게 다른 언어로 말하는 것 아니던가?'

'자연스럽게 방언을 하기 위해 라라라라를 하면서 혀 근육을 풀어주라는 건가?'

1초마다 한 가지 생각이 연이어 들다가 집회의 분위기와 흐름상 해 보는 것도 괜찮을 것 같다는 판단하에 입을 열어 '라라라라'를 엄청나게 빠른 속도로 발음하여 외쳐보았다.

그러자 중앙에 서 있던 목사님께서 나를 향해 손가락으로 가리키시며,

"방언 터졌어!!"

"방언 터졌어!!"라고 외치고 계셨다.

나는 굳이 반박하지 않았다. 나는 그저 단순히 '라' 발음을 연속해서 빨리 하라는 말씀에 순수하게 그렇게 하고 있었다는 것을 나 자신이 구체적으로 알고 있었으며, 논쟁의 실익이 있을 것 같다는 생각도 들지 않아서였다.

해당 집회를 다녀온 후, 자문하는 시간을 갖게 되었다.
'은사'라는 것은 무엇일까.
'방언'이라는 것은 무엇이며, 하나님께서 왜 주시는 것일까.
교회를 오래 다니신 교회 형들에게도 동일한 질문을 묻고 다녔다. 그러자 신학을 준비하시던 형님 한 분께서 신학적 설명을 해주시기 전에 나에게 반문을 하셨다.

"원범아, 너는 은사가 뭐라고 생각하니?"

나는 주저 없이 대답을 하였다.

"하나님의 선물이요."

"그래, 그러면 하나님께서 왜 은사를 주실 거라 생각하니?"

"필요와 목적이 있어서 주실 것 같아요."

적어도 하나님의 귀한 선물을 장식용으로 주시는 것은 아닐 것 같다는 생각에서였다.

형님들과 함께 신앙과 신학적인 사항들에 대해서 의견을 나누고, 대화를 한다는 사실 자체가 기분 좋은 일이었다. 이러한 한 조각 한 조각의 과정들이 신앙의 길이고 함께 가는 길이라 생각했기 때문이었다.

군 입대, 약할 때 강함 되시는 하나님

　성경을 읽기 시작하고, 옆집 아주머니를 뵐 무렵부터 꿈을 자주 꾸게 되었다. 중요한 것은, 내가 꾼 꿈을 현실에서 정확하게 맞이한다는 것이었다. 바꾸어 말하면, 일어날 중요한 일들에 대해서 꿈을 통해 미리 '볼 수 있다'는 것이었다. 사실 '볼 수 있다'는 표현보다 '보여 주신다'는 표현이 맞을 것이다. 시간을 앞서 내 능력 밖의 시선으로 보게 되는 것이었기 때문이다. 개인적으로 은사를 많이 받는 것보다 하나님을 많이 알고 하나님과 가까워지는 것을 바라며 지냈기에, 꿈을 꾸기 시작한 1~2년간은 내가 특별한 은사를 받았다기보다 '우와, 신기하다' 정도로 여기며 지내고 있었다.

학교 수업을 마치고 집으로 돌아오며 보게 되는 풍경 중에는 주거환경개선사업이라는 행정 관련 일들로 인해 노후 지역에 사시던 분들이 보상 관련 문제들로 구청 앞에서 천막을 치고 계신 모습들이 있었다. 구청 앞 임시 천막에서 생활하시며 집회를 이어가시는 분들이었다. 봄, 가을에야 괜찮다지만 한겨울이 지나면서 천막에 눈이 쌓이고 차디찬 맨바닥에서 주무시는 분들을 매일 보아야 했다. 이제 그분들의 생활상을 보는 것도 수개월이 지나 습관처럼 익숙한 풍경이 될 수도 있었지만 나는 나 자신의 상태에 예민한 편이었다. 무기력감을 느끼고 있던 것이었다. '저분들을 위해서 할 수 있는 일이 없을까?'

이러한 마음을 먹고, 수일 동안을 여전한 무기력감과 함께 그분들을 바라보며 지나치다 천막 앞에서 전단지를 나누어주시는 분들이 눈에 들어왔다. 자신들이 겪고 있는 일들에 대해 사회에 알리고 싶어 하시는 듯했지만 막상 전단지의 내용을 읽어 보아도 내가 해 드릴 수 있는 무언가는 없는 듯했다.

때문인지, 전단지를 가지고 현장의 관계자분을 만나 뵙기로 정하고 플라스틱 서류꽂이에 낮에 받았던 전단지를 챙기고는 현장으로 갔다. 허리 높이의 비닐 천막들이 여러 개 있었고, 막상 찾아가 보니 여러 사회단체에서 지원을 나와 그분들을 돕고 계시다는 것을 확인할 수 있었다. 물어물어 사회단체 관계자분들이 어느 천막에 계신지 찾아내고, 그 천막을 찾아가 비닐을 걷어 올리자

연예인 강호동 씨만 한 덩치의 남자분께서 반갑게 맞아 주셨다.

큰 덩치의 그분은 나와 악수를 함과 동시에 계속해서 방글방글 웃고 계셨다. 비닐 천막 속에 서로가 구부려 앉은 채, 5분여가 지나도 본인의 웃음이 가시지 않자 스스로 민망하셨는지 계속해서 웃는 두 가지 이유에 대해서 말씀해 주셨다. 첫째는 어젯밤에 꿈을 꾸었는데, 한 번도 보지 못한 분이 꿈속에서 파일을 들고 천막의 비닐을 들추며 들어오는 꿈을 꾸셨다고 말씀해 주셨다. 자신은 신학교를 졸업하고 교회 일보다 빈민촌 일을 더 많이 하는 날라리 신학생이라고 소개하며, 자주 있는 일은 아니지만 하나님께서 미리 꿈을 통해 말씀해 주실 때가 있다고 이야기해 주셨다. 하나님의 은혜로 말미암아 내가 겪는 일과 동일한 은혜를 누리시는 분을 만나게 되어 반가웠다. 나와 악수를 한 그분이 계속해서 미소를 머금으셨던 또 하나의 이유는 여러 날 동안 수백 장의 전단지를 시민들에게 나누어 드렸어도, 관심을 가지시는 분은 한 분 없었고, 전단지는 길바닥에 버려져 밟힐 뿐이었는데, 나누어준 전단지를 파일에 곱게 담아서 가져오신 분은 처음이라며 고맙고 반가워서라는 말씀을 건네주셨다.

학교생활과 교회 출석을 한 지 1년 정도가 되어 익숙해질 즈음, 군 입대를 고려하지 않을 수 없었다. 재학 시절 동안 4년을 미룰 수는 있었지만 20대 후반이 되어 군 입대를 할 수는 없었기 때문이었다. 누님들의 출가로 어머니와 단둘이 지내다 나마저 군대에 입대한다면 어머니께서 홀로 지내시게 될 것이 가장 마음에 걸렸지만 더 이상 미룰 수는 없었다.

군 생활에 대한 걱정은 실체를 알기에 갖는 '두려움'이 아닌, 한 번도 경험해 보지 않은 것들에 대한 막연함과 막막함이라는 말이 있지만, 두려움과 걱정이 뒤섞인 채로 서늘한 바람이 불기 시작하던 10월경에 입영 열차에 올랐다. 강원도 있는 보충대에 입소하여 2박 3일을 지내며 아들이 입었던 옷과 신발이 담긴 소포를 열어 보실 어머니를 생각하여 군복으로 갈아입고 남겨진 사복은 누님 댁으로 주소를 적어 발송하였다.

생각만큼 실천하지 않아 자괴감이 드는 일. 이제는 나만 꼭 그런 것은 아니라는 정도의 변명으로 둘러대는 일. 바로 성경 읽기에 대해 그렇다는 생각이 들었다. 사실 지금 생각해 보면 변변치 않은 영양제를 먹는 것보다 홍삼 엑기스를 마시듯 피와 살이 되는 성경말씀의 소중함을 좀 더 알았더라면 그렇지는 않았을 것 같다는 생각이다. 성경을 열심히 읽고, 하나님을 알아 가고, 하나님의 말씀을 알아 가려는 생각과 의지만큼 그동안 실제로 성경을 읽지 않던 차에 군대에서는 반드시 성경을 일독하겠다는 마음을 먹은 때였다. 입대 한 달 전 기독교 백화점에 들러 사두었던 손바닥만 한 '포켓 성경'을 군복 주머니에 넣고 다닐 수 있었는데, 군복은 주머니가 많은데다 특히 바지 중간쯤에 달린 건빵 주머니라 불리는 곳은 포켓 성경을 넣기 위해 만들어진 것일까 하는 의문이 들 정도로 성경이 쏙 들어가는 네모반듯한 주머니였다.

  보충대 일정을 마치고 신병 교육대가 정해지자, 배를 타고 소양강을 건너 강원도 양구의 백두산 신병 교육대에 입소하게 되었다. 논산에 있는 육군 훈련소처럼 2년여를 지낼 자대를 배치받기 전에 실질적인 기초 군사훈련을 받는 곳이었다. 군용 트럭을 타고 가는 내내 보충대에서 함께했던 동기들은 말없이 긴장과 적막만이 흐르는 고요 속에서 서로를 마주 보며 앉아 있었다. 트럭의 엔진 소리와 덜컹거리는 소리만이 적막함 속에 들려오는 중에 차량 밖으로 시선을 돌려 보았다. 내가 향하는 훈련소는 강원도에서도 민간인 통제선에 가까운 외진 곳이어서 온통 울창한 숲과 자연의 모습들뿐이었다. 차량 밖으로 시선을 두니, 그제야 새들이 지저귀는 소리를 인식할 수 있었다. 내가 선택한 일이라 생각했다. 한창 젊은 나이에 군대에 끌려온 게 아니라, 내가 선택하여 나라를 지키려 지금 이곳에 온 것이라 생각했다. 숲이 우거져 새 소리가 더 크게 들려올 즈음, 어미새가 새끼새를 둥지에서 떨어뜨리는 섭리를 떠올려 보았다. 둥지에 머무는 삶에서 그치는 게 아니라, 새답게 날아오를 수 있도록 둥지 밑으로 새끼를 떨어뜨리는 어미새. 어떠한 험난한 시간이 기다리고 있을지 모르지만, 하나님께서 나의 군 입대를 그렇게 여기고 계시지는 않을지, 내가 더 자유롭고 강인해 질 것을 바라고 계시지 않을지 잠시의 단상을 가져 보았다.

연병장에 도착하여 더블 백을 메고 군용 트럭에서 뛰어내리는 순간, 연병장 단상에서 절반은 욕설이 섞인 엄한 목소리가 들려왔다. 당시는 군대 내 구타가 근절되어 가던 시기였지만 욕설로 시작해 욕설로 말이 끝나는 것은 예전과 별반 다를 게 없던 때였다. 이제 갓 훈련소를 입소하며 자대배치를 앞둔 이등병들의 어설픈 몸동작이었지만, 군용트럭 뒤 칸에 타고 있던 우리들은 최대한 신속하게 차량에서 하차를 하였다.

꿈속에서 나는 산맥이 연결되고 산들이 우거진 곳에 이르러 있었다. 산을 병풍처럼 등지고 있는 두 채의 건물. 일반적인 건물이라 하기엔 좀처럼 보기 어려운 기다랗게 생긴 한 개 층 건물이 눈앞에 들어왔다. 지금껏 살아오며 보지 못한 모양의 창고같이 생긴 건물이었다. 두 개의 건물이 조금 떨어진 채 열차 칸이 나란히 나열되어 있는 듯 위치해 있었는데, 내부를 들여다보니 젊은 남자들이 실내용 빗자루를 잡고 바닥에 물을 뿌리며 청소를 하고 있었다. 여기까지 꿈을 꾸고는 낮잠에서 깨었다. 지금 생각해 보면 꿈을 꾸었던 시기는 군에 입대하기 6개월 전이었다. 숲이 우거진 지역에 위치한 길쭉하게 생긴 두 건물, 그리고 그 안에서 물을 뿌리며 청소하는 남자들… 선명하게 꾼 꿈이었지만, 무슨 꿈인지 헤아리지 못해 그냥 잊고 지내던 참이었다. 하지만 그로부터 6개월 후, 어깨를 누르는 무거운 더블 백과 욕설이 귀를 따갑게 하는 지금은 내가 현실 속에 있음을 톡톡히 일깨워 주는 현장이었고, 차량에서 하차하여 등을 돌리자 6개월 전 꿈에서 보았던 산들과 건물이 내 앞에 펼쳐졌다. 꿈에서 보았던 기다란 건물은 내무반 막사이고, 물을 뿌리고 실내용 빗자루로 빗질을 하는 것은 군대에서 쓰는 용어로 '믹싱'이라 불리는 실내 청소 작업이었다. 어디서 본 듯한 장면이 눈앞에 펼쳐지는 게 아닌, 분명 꿈을 통해 6개월 전에 선명하게 본 곳을 지금 내가 그 현장에서 보고 있다니 어안이 벙벙할 뿐이었다. 다른 훈련병들은 교관들의 날선 육성에 집중하고 있었을지 모르지만 나는 나 자신이 그 현장에 있다는 사실, 하나님과 나만이 알 수 있는 그 장소에 있다는 사실에 집중하고 있었다.

아버지와의 이별 후에 마음을 추스르려 안간힘을 쓰던 중에, 군 입대로 인해 어머니와도 오랜 기간 떨어져 있어야 했던 나는 사실 알게 모르게 마음에 그늘이 져 가고 있었던 듯했다. 그랬던 나에게 나의 능력 밖의 일로 꿈을 통해 앞길을 보여 주신 하나님의 선물은, '내가 너와 함께하고 있다'는 메시지로 여겨졌다.

하나님께서는 꿈을 통하여, 때로는 은유로, 때로는 직접 보여 주시기도 하셨다. 그렇게 내가 앞서 보게 되거나, 알게 된 사실들을 통하여 나의 마음에 다가오는 가장 중요한 메시지는 '내가 너와 함께하고 있다'는 하나님의 말씀이었다.

　훈련소에서는 정규 훈련 시간 외에는 내무반에서 대기를 할 때가 많았다. 교관들은 훈련병들인 우리가 군에서의 자세와 태도를 몸에 익히도록 내무반에서도 정자세로 앉아 있도록 하였다. 다른 훈련병들은 몹시도 지겨워하였지만 나에게는 성경을 읽는 시간이 될 수 있었다. 성경을 읽다가도 집합 종이 울리면, 군복 하의에 있는 건빵 주머니에 성경을 넣고 바로 이동할 수 있었다. 건빵 주머니는 행군을 하다가 잠시 쉬어갈 때에도 바로 성경책을 꺼내어 언제 어디서라도 읽을 수 있게 해 주는 '복주머니'였다.

　훈련소를 퇴소하고 배치받은 포병 부대 자대생활은 녹록하지 않았다. 군인에게는 병과라 하여 주특기처럼 부여되는 편제가 있는데 군 복무를 마칠 때까지 해당 병과에서 주 업무를 보는 것이었다. 통신 병과를 부여받으면 통신병으로서 군 복무를 하게 되고, 행정병이면 행정반에서 행정 업무를 하는 것이었다. 군대와 사회에서 모두 통용되는 가짜라는 의미의 '가라'라는 용어가 있는데, 군대에서는 특히 가라문서가 많았다. 직접적으로 정보병인 내가 근무할 정보과(보안과)에서 가라문서를 만들어 정보병이 아닌 통신병이 1년 이상 근무를 하고 있었는데 진짜 정보병인 내가 자대 배치를 받은 이상 그 통신병은 1년 이상 근무했던 자신의 부서를 바꾸어야 했다. 굴러 들어온 돌이 박힌 돌을 뺀 셈이었다.

정보과는 두 명의 병사와 한 명의 장교로 구성되어 있었다. 정보과의 선임 병사는 1년 동안 그 통신병을 가르치고 인수인계를 했음에도, 편제의 재배치로 인해 이제 갓 훈련소를 마치고 들어온 신임 이등병을 처음부터 다시 새로이 가르쳐야 하는 형국이었다. 정보과에 남은 선임 병사의 계급은 병장이었기에 조금은 편하게 군 생활을 할 수 있는 시기에, 본인은 병장으로 진급을 하면서 후임에게 일을 맡기고 여유롭게 지낼 수 있는 시기에, 내가 정보과에 신입 배치를 받음으로써 함께 밤샘 작업을 하는 군 생활을 계속해서 이어가야 했던 것이다.

장교들을 직접 보좌하는 병사들은 참모분대라 하여 별도의 구성을 이루었는데, 야간 경계 근무도 불침번 근무를 하는 게 아니라, 지휘통제실이라는 벙커에서 근무를 하였다. 야간 근무를 마치고 내무반 막사로 돌아와 장비를 벗고 잠자리에 누우면 바로 옆자리에 있는 정보과 선임이 옆으로 돌아누워 입이 귀에 닿을 듯 말 듯한 거리에서 귓속말을 속삭였다.

"잠이 오냐? 난 너 때문에 잠이 안 와~ 새꺄."

"너 때문에 내가 남은 군 생활 얼마나 꼬였는지 알고는 있냐?"

"듣고 있냐? 잠이나 처자려구? 잠이 오냐! 이 ×××아! 에이! ××!"

훈련소에서는 병영 문화를 개선한다고 훈련병들이 자유시간에 책을 읽는 것을 보장한다는 명목은 있었지만, 자대에서는 아직 그러한 문화가 자리를 잡기 전인지라, 군기 잡기의 문화가 보편적이었다. 이등병이 내무반에서 독서를 한다거나 내무반을 떠나서 PX(병영 내 매점)를 이용하는 것은 상상하기 어려운 일이었다. 하지만 훈련소에서 계속해서 읽으며 한 줄기 위로가 되었던 성경 읽기를 내려놓는다는 것은 차라리 갈굼을 당할지언정 지극히 싫은 일이었다.

해야 할 일을 모두 마친 후, 대부분 축구를 하거나 PX를 갈 무렵, 내가 성경책을 꺼내어 읽을 때면, 내 모습을 본 정보과 선임의 조롱과 야유는 계속되었다. 내가 무엇을 해도 예쁘게 보이지 않는 모양이었다. 나중에 알게 된 사실로, 내가 성경 읽는 것을 그렇게 싫어했던 선임은 어렸을 때부터 교회를 열심히 다니고 찬양단에서 드럼을 연주할 정도로 열심을 내던 녀석이었는데, 어떠한 일들로 몇몇 상처를 받고 교회를 출석하지 않고 있는 중이었다. 하나님께 나아가고, 하나님께 기대고 싶은데, 교회라는 곳을 가기가 꺼려지는 상태로 교회 문턱에 반쯤 걸려 있는 녀석이었다. 언젠가 자신의 얘기를 털어놓다가 '술을 진창 먹고 교회를 찾아갔는데, 닫혀 있는 교회 계단에서 널브러져 잔 적이 있다는 이야기를 듣고 나서야 알게 된 일이었다. 내가 주먹을 몇 번 날린다면 맥없이 떨어져 나갈 정도로 빈약해 보이는 녀석이었고, 실제로 주먹을 쥐고 부들부들 떨게 만들 때도 있는 녀석이었지만, 예수님께서 가르쳐 주신 대로 그를 위해 기도할 수밖에 없었다.

국방부 시계는 돌아간다는 말처럼, 정보과 선임과의 긴 터널이 끝나고 내가 정보과의 선임 자리에 앉게 되었을 때, '군종'이라는 역할을 맡게 되었다. 우리나라 군대에서는 종교의 자유가 인정되어 각 부대 내에 성당과 교회, 절이 있었고, 주말이 되면 병사들은 자신들이 가고 싶은 곳을 정해서 종교 행사에 참석할 수 있었다. 내가 맡은 중대 군종은 주말이면 교회로 향하는 인원들을 인솔하여 교회가 있는 인근 부대로 이동하고, 부대 내에서 힘들어하는 병사들과 상담을 하는 직무였다.

병사들과 함께 교회에 모여 기도회를 할 때면, 힘들수록 간절할 수 있다는 것을 직접 경험할 수 있었다. 집을 떠나온 이등병의 간절함, 업무에 치이고 갈굼의 대상인 일병, 책임이 주어지는 상병, 이제 군을 떠나 사회로 다시 배치될 병장의 막막함… 각 계급별로 모두가 외롭고 힘든 시기, 그래서 하나님 앞에서 더욱 간절해지는 시기였다.

주말이 되면 종교 행사 참석 인원을 파악하여 행정반에서 당직 근무

중이신 행정보급관님에게 보고를 드려야 했다. 행정보급관님은 언젠가부터 내가 해야 할 참석 인원 조사를 본인께서 일사천리로 하여 우리들이 교회로 가는 길을 열어 주셨다. 유독 주말의 종교 행사를 힘써 보장해 주시고, 내게 격려의 말씀을 해 주시던 행정보급관님도 교회를 출석하시다가 무슨 일이 있으셨던 것인지 언제부턴가 교회를 다니지 않고 계시는 분이셨다.

언젠가 양구 시내로 외박을 나갔다가 커다란 화살표로 표시된 지점을 볼 수 있었다. 강원도 양구라는 지역이 남한만이 아닌 한반도 전체로 보았을 때, 위도와 경도의 좌표상 국토의 정중앙이 되기에 만들어진 표시였다. 또한 '피의 능선'이라는 이름이 붙여져 지도에도 공식 표기된 지역을 볼 수 있었는데, 6.25전쟁 당시 교전이 치열하여 전투가 끝나고 난 후 피로 물들지 않은 마른 땅이 거의 없을 정도였기에 붙여진 명칭이었다. 남과 북이 갈라지게 되었다는 것. GOP 능선이 보이는 땅에서 군에 오기 전에는 피부로 느끼기 어려웠던 엄연한 현실을 하나님의 섭리 안에서, 대한민국의 역사와 한국교회의 역사와 병목하여 바라보기 시작하는 계기가 되었다. 조선에 기독교가 전해지고 평양 대부흥이 있은 후, 일제의 지배와 곧이어 이어진 6.25전쟁. 생각만 해도 숨가쁘게 달려온 역사였다. 내가 군 생활하고 있는 양구라는 지역이 한반도의 정중앙이라는 사실을 알게 되어, 부대 내 조용한 곳에서 하나님께 무릎을 꿇고 기도를 드렸다. 두 개로 갈라진 한반도를 위해. 꽃다운 나이에 피 흘리며 죽어 가신 분들을 위해….

　병장이 되자, 내가 근무하는 정보과에서만이 아니라 부대 내 곳곳에서 나를 찾았다. 행정반에서는 부대 관리 작업에 내가 투입되기를 요청했고, 인사과, 군수과, 병기과 등에서도 나와 함께 작업하기를 바란다는 전화를 걸어오곤 하였다. 다양한 부서를 다니며 업무를 보다가 어느덧 나의 말년 휴가가 한 달 남짓 남았을 무렵, 행정보급관님께서 행정반으로 조용히 나를 부르셨다. 부서를 막론하고 부대에 관련된 업무를 진행한 것에 대한 행정보급관님의 배려가 있었다. 나에게 어디서 근무하고 싶은지 나의 의향을 물어 오셨기에, 취사반에서 동기와 함께하고 싶다는 요청을 드렸다. 행정보급관님의 배려로 취사반 동기와 함께 쏟아지는 햇볕 아래에서 양파를 까고 담소를 나누며 전역을 기다릴 수 있었다. 그렇게 군 생활의 추억이 인생의 앨범에 담겨져 가고 있었다.

전역과 교회 일의 시작

24개월의 군 복무를 마치고, 나는 20대 중반이 되어 있었다. 복학, 그리고 사회활동을 위한 준비가 기다리고 있었다. 언제부터인가 나의 삶의 방향성과 초점은 하나님을 전하는 것, 예수님을 증거하는 것으로 점점 더 선명히 맞추어져 가고 있었다. 전역을 하며 군생활의 시간 동안 눈물과 위로 속에서 함께해 주신 하나님을, 하나님의 말씀을 누님들에게 전하고 싶었다. 누님들은 주일에 성당을 출석하고 미사에 참여하기는 해도, 삶 속에서 하나님에 대한 체험과 감격을 누리지 못한다는 사실을 너무나 잘 알고 있었기 때문이었다. 어떤 일을 할 수 있을까 고민을 이어 가다 성경을 필사하여 선물로 드리기로 정하였다. 성경의 마태, 마가, 누가, 요한복음에 예수님께서 직접 말씀해 주신 내용(대부분의 성경책에 다른 성경 구절들과 다른 색으로 인쇄되어 있다)을 A4용지에 직접 적어서 드리기로 한 것이다. 한 페이지를 빼곡히 채웠어도 한 글자, 한 획이라도 잘못 쓰게 되면, 새로운 종이로 바꾸어 다시 썼기에, 서너 개월을 거쳐 필사를 마칠 수 있었다. 선물을 건네받은 누님은 의외로 별 반응이 없었다. 그리고 며칠 후 누나의 답변이 돌아왔다. 너의 정성은 알겠지만 성경에는 관심이 없다는 태도였다. 내가 생각했던 목적은 달성되지 않았지만, 성경 필사는 내가 예상치 못했던 유익을 안겨 주었다. 누군가의 언행을 면밀히 살피다 보면, 그 누군가의 생각하는 방향성과 기준을 좀 더 밀착하여 다가가게 되는데, 4대 복음서를 필사하며, 예수님의 음성이 흘러나왔던 내용을 한 글자 한 글자 적으며, 필사를 마칠 즈음엔 예수님의 기준과 방향성에 대해 예전보다 선명히 인식할 수 있었다. 어떠한 언변과 화려함으로 성경에 대해 혹은 교리에 대해 말한다 해도. 예수님의 기준과 방향성에서 어긋난다면 분별할 수 있을 정도로 성경 필사는 내게 많은 유익을 주었다.

2학년 법학과에 복학을 하고, 얼마나 걸릴지 짐작되지 않는 사법시험 준비도 본격적으로 시작하였다. 학자금 대출을 받아 학교에 등록을 하고, 입대 전에 하였던 새벽 아르바이트를 다시 시작하였다. 군에서 몸에 배인 규칙적인 생활 덕분인지 몸과 마음이 예전보다 더 건강해진 듯하였다.

사실 학교생활과 아르바이트를 병행하느라 시험 준비는 엄두를 내지 못하고 있었다. 고시 영어가 공인 영어시험 성적으로 대체되어 우선 토익 점수부터 만들어 놓아야 본격적인 법학 공부를 시작할 수 있었다. 새벽 두세 시에 기상하여 녹즙 배달을 마치고 학교에 등교할 때면, 하루도 거르지 않고 매일 운동을 하는 효과도 가질 수 있었다. 하지만 저녁이 되면 무거워지는 눈꺼풀과 발걸음은 어찌할 수 없었다. 몸이 받아들이는 나의 하루 일과는 정직했다. 그럼에도 매일 새벽 어두운 동네를 돌고 돌며 배달을 마칠 즈음 맞이하는 일출의 광경은 저녁노을과는 사뭇 달랐다. 맑은 남빛 하늘을 붉게 비추며 밝아오는 하늘을 볼 때면 그 장엄한 광경에 시선을 두며 하나님께 감사기도를 드릴 수 있었다.

눈을 뜨고, 하루를 보내고, 잠들기까지, '열심'이라는 요소가 없으면 소화할 수 없는 하루하루였다. 신기한 것은 하나님께 드릴 선물을 준비하기 위해 달려간다는 사실, 나같이 스스로 무가치하고 형편없다고 느껴지던 자도 하나님을 위해 무언가를 할 수 있다는 사실은 하루가 48시간이더라도 더 열심히 달려가겠다는 마음의 중심을 자아내었다. 사랑하는 존재를 위해 내가 무언가를 할 수 있다는 것. 그 존재에게 드릴 선물을 위해 달려갈 길이 있다는 것은 몸은 조금 피곤할지라도 마음에는 일말의 피곤함도 들어올 수 없게 한다는 것을 경험해갔다.

천성이란 게 있다면, 나는 무언가를 경험할 때, 소극적으로 버티기보다 더딜지라도 넉넉히 뚫고 나아가는 것을, 힘겨움이 나를 압도하기보다 내가 힘겨움을 압도할 수 있도록 만들어가는 편이었다. 그 과정이 비록 더디어 전진의 변화가 잘 느껴지지 않더라도. 내가 치르고자 하는 시험의 준비 기간이 평균적으로 3년이 걸린다면, 나로서는 6년을, 혹은 평균적인 소요 기간의 세 배인 9년이 걸릴지라도 끝내 그 길을 완주하겠다는 뜻을 다지고 다져갔다. 나아가는 길에서 내가 끊임없이 조심해야 할 것이 있다면, 혹여 마음의 중심에 들어설 수 있는 입신양명의 욕망을 하나님께 드리는 선물이라는 그럴싸한 명분으로 포장하여 스스로를 속이는 것이었다.

시험기간이라 하여 새벽 아르바이트를 쉴 수는 없었다. 덕분에 중간, 기말 시험기간을 맞이할 때면, 인체의 한계라는 것을 아주 조금씩 느껴볼 수 있었던 듯하다. 시험일인 월요일부터 시작하여 금요일까지 하루에 일이십 분씩 쪽잠을 청했던 시간을 합쳐 한 주 동안의 수면 시간이 총 3시간이 되지 않은 적이 있었다. 그럴 때면 가끔씩 심장 부근이 뻐근할 때가 있었는데(그때 당시만 해도 나는 과로사, 심장마비 등의 위험성을 인지하지 못하고 지내던 때였다) 시험기간이 끝나고 주말을 이용하여 스물네 시간 이상을 연달아 자고 나면 그러한 증상이 없어지고는 하였다. 수면 부족이 누적되면 깨어 있다 해도 몽롱한 상태를 유지하게 되어 공부했던 것들이 시험시간에 떠오르지 않는 것 같았다. 공부를 했어도

시험장에 들어가기 전의 컨디션이 백지처럼 멍해져 있던 것이다.

'이럴 수밖에 없나.'

'내 몸의 한계를 받아들여야 하나.'

'지금의 내 상태가 받아들여야 할 사실인가, 이겨 나가야 할 사실일까.'

라는 자문을 하고 있던 중, 떠오른 방법을 써보기로 했다. 대학교를 입학했을 때, 선배들이 후배들을 골탕 먹인다며 포카리스웨트에 소주를 반반 섞어서 주었던 기억이 떠올랐다. 포카리스웨트는 이온 음료여서인지 흡수가 빠르다고 하는데, 500cc의 맥주잔에 그렇게 반반을 섞어서 마시니 몸에 알코올이 흡수되는 게 느껴질 정도로 신속히 취기가 올라왔던 기억이 있었다. 정확한 원리는 잘 몰랐지만, 어쨌든 전해질 용액인 음료가 알코올 흡수 속도를 훨씬 빠르게 하는 것 같았다. 커피를 아무리 마셔도 몽롱한 상태를 벗어나지지가 않았기에 그때의 기억을 떠올리며 동일한 원리로 포카리스웨트와 커피를 섞어 마시기로 해보았다. 스스로 감탄하며 마실 정도로 효과는 신속히 나타났다. 당시에 '레드썬'이라는 최면 요법이 유행하고 있었는데, 내가 만든 '포카리 커피'를 마시자 마치 레드썬 최면에 걸린 듯 정신이 또렷해졌다. 겉으로 드러나는 변화는 없었지만, 초사이어인으로 변한다는 게 이런 느낌이구나, 라는 생각이 들며 좀 전과 다른 똘망똘망한 상태로 시험을 치르고 나올 수 있었다. 하지만 인간의 뇌도 인체의 장기 중에 하나이어서 체력이 떨어지는 것을 거스를 수 없었다. 시험을 무사히 치르고 시험장을 나올 때쯤 되자, 마지막 남은 에너지에 부스터를 달아 뿜어낸 것이었음을 느끼며 음료를 마시기 전보다도 떨어진 뇌력으로 집을 향하였다. 후들거리는 다리로 버스에 올라타 스스로 나 자신의 상태를 체크해 보려 평소에 취미 삼아 하던 두 자릿수 구구단을 외워 보았지만, 답이 떠오르지 않았다.

네 마음을 다하고 뜻을 다하고 목숨을 다하여 주 너의 하나님을 사랑하라 *(마태복음 22:37)*

하나님의 계명 중, 가장 큰 계명이라며 예수님께서 말씀해 주신 이 말씀을 내가 지킬 수 있는 방법은 '열심히 사는 것'밖에는 없었다. 갑작스레 주어진 여러 상황들을 이겨 내며 소화해 내야 했다. 최선을 다해도 되지 않으면 내가 생각했던 최선이라는 기준을 수정하고 더 높은 기준으로 최선의 궤도를 수정해야 했다. 그러면서 내가 생각하지 못했던 내 안의 나를 발견하고 만나기도 하였다.

새벽 아르바이트는 매일 반복되는 단순 작업이었기에 수개월이 지나니 아침 운동 삼아 할 수 있는 정도가 되어 갔다. 기말고사를 치를 때에도, 전역 후 첫 중간고사 때와는 달리 체력과 컨디션을 관리하며 지낼 수 있었다. 방전이 되고 나면 어쩔 수 없다는 것을 알게 된 덕분이었다.

미션스쿨에 입학하여 학교를 다니는 내내, 성경과 기독교 문화에 대해 배울 수 있다는 사실에 하나님께 향한 감사가 우러나왔다. 그리고 나의 일생에 영향을 주신 한철 교수님도 뵐 수 있었다.

교수님은 법학과 교수님이시며, 2차 사법시험 출제위원이셨는데, 신학대학교를 졸업하시고 전도사님으로도 활동하시는 분이셨다. 수업 중에 간혹 말씀해 주시는 조언들이 남다르다고 느끼고 있었는데, 교수님께서 이끄시는 '바이블 세미나'에 참여하며 교수님을 가까이에서 알아 갈 수 있었다. 바이블 세미나는 법학과 재학생들 중에 성경을 공부하고 싶어 하는 학생들이 일주일에 한 번씩 모여 성경에 대해 배우고, 함께 교류하는 자리였다. 교수님께서는 세미나에 참석하는 학생들을 자택에 초대하여 저녁식사를 함께하는 것을 즐겨하셨고, 교수님의 사모님께서는 몸이 연약하셔서 병치레를 종종 하셨음에도, 교수님의 제자들이 방문할 때마다 손수 15인분 이상이 한자리에서 음식을 나눌 수 있는 거한 잔칫상을 준비해 주셨다.

어느덧 기말고사 기간이 되어, 교수님께서 담당하셨던 상법시험을 치를 때가 되었다. 공부할 시간이 많지 않았고, 주변에 시험 족보라는 게 있다는 것도 들려왔지만 준비한 만큼 평가를 받을 생각으로 시험을 치렀다. 시험지를 제출하고 시험시간이 끝나기 5분 전에 교수님께서는 짤막한 안내를 건네주셨다. 공부를 더 해서 재시험을 치르고자 하는 학생들에게는 차주에 '재시험'의 기회를 주시겠다는 말씀이었다. 단, 이전에 치른 시험보다 답안지가 좋지 않으면 둘 중에 낮은 성적을 채점 점수로 확정하겠다고 말씀해 주셨다.

'재시험?'

나는 교수님의 깊은 뜻을 헤아리지 못한 채, 좀 더 공부해서 나은 성적을 만들 수 있겠다는 생각에 그저 반가울 따름이었다. 재시험장에는 열댓 명의 학생들이 시험장에 자리하였다. 그러나 재시험도 그다지 자족하지 못할 정도로 답안지를 제출하고 시험 종료 시간을 기다리며 자리에 앉아 있을 때, 교수님께서는 또 한 번의 안내 말씀을 해 주셨다. 동일한 조건으로 수일 후에 재시험을 치르겠다는 말씀이었다. 그렇게 3차 재시험, 4차 재시험이 치러지고, 시험장을 메운 학생들의 수가 점점 줄어들어 나를 포함한 총 두 명의 학생이 마지막 6차 시험을 치르게 되었다. 감사하게도 교수님께서는 'A+'라는 성적을 주셨고, 학기를 마치고 식사하는 자리에서 넌지시 말씀해 주셨다.

'아~ 그거? 가불이야.'

내 개인적인 사정을 아직 알지 못하시는 교수님께서 어떻게 그런 장치를 고안해 내셨을지 생각해 보았는데, 평소 예수님에 대해 늘 묵상하시며 따뜻하고 온유한 인품을 자아내시던 교수님께서 행하신 일들은 성경에서 근거를 찾아보면 그 뿌리들을 발견할 수 있었다.

세 번이나 예수님을 부인했던 베드로에게, 부활하신 후 다시 주님을 사랑한다고 고백할 수 있는 기회를 여러 번 주신 예수님. 그리고 일곱 번씩 일흔 번이라도 기회를 주라 하신 예수님의 마음을 바탕으로 만들어진 재시험이라는 제도였음을 짐작할 수 있었다.

교수님께서는 나를 교수 연구실에 자주 초대해 주시며 각별히 대해 주셨고 함께하는 식사와 티타임 속에서 캠퍼스를 거니는 시간을 자주 가질 수 있었다. 처음에는 느끼지 못한 사실이었지만, 6개월 정도가 지나자 교수님과 함께하는 시간 속에서 삶의 템포라는 '여유'를 배워가고 있음을 감지할 수 있었다. 그 여유는 좀 더 움직이고 열심을 내서 1시간, 1분을 빼곡하게 채워 가려 하던 나의 일상에 선선한 바람이 되어 주었다. 예수님께서 부활하신 후 하늘로 올라가시기 전까지 제자들과 식사하는 자리를 가지셨던 것처럼 교수님께서는 자주 식사 자리를 만들어 주시고, 몸과 영혼에 좋은 약이 되는 말씀들을 해 주시곤 하셨다. 교수님 같은 분을 뵌 것만으로도 위로와 축복이 될 터인데, 교수님의 '여유 레슨'과 감사한 말씀들은 앞으로 겪게 될 풍랑 앞에서 노를 젓는 팔의 근육이 되어 주었다.

이제 26살이 된 나는 교회에서 청년부 서기를 맡게 되었다. 이제 갓 하나님을 알아가고, 교회를 다닌 지 얼마 되지 않은 내가 과연 잘 해낼 수 있을지 조심스러웠지만, 기도하며 감당할 수 있을 거라는 형님들의 말씀에 감사한 마음으로 임하였다. 재적 인원 2,500여 명 정도의 작지 않은 교회였기에 청년부 인원도 60~70여 명으로 다양한 분들과 함께 할 수 있었다. 예배 후 친교 준비와 연중행사 준비를 하며 청년부 구성원들과도 가까워져 갔다.

청년부에서 주최하는 행사 준비에 한창이었다. 〈나를 받으옵소서〉 등 수많은 명곡을 부르시고 대한민국의 기독교인들은 한 번쯤 그분의 찬양을 들어보았을 박종호 성가사님을 교회로 초청하여 찬양의 시간을 갖고자 한 것이었다. 행사 당일이 되자, 타 교회 성도분들께서도 우리 교회로 발걸음을 하여 주셨고 청년부 임원을 맡고 있던 나는 교회 곳곳을 둘러보고는 예배당 입구에서 성도님들을 맞이하고 있었다. 화기애애한 분위기 가운데, 젊은 여성분 두 분이 사이좋게 교회당으로 걸어 들어오셨다. 나의 첫사랑 그녀와 그녀의 여동생이었다. 그녀는 당황스러운 기색이 역력했지만 겉으로 내색을 하지는 않았다. 내가 박종호 성가사님의 콘서트 스태프로 서 있는 것을 본 순간, 그녀는 내가 개종한 것을 알아챈 듯하였다. 서 있는 자리에서 웃음을 잃지 않으려 애쓰던 수 초간 그녀와 그녀의 동생은 팔짱을 다정하게 끼고 나를 지나쳐 예배당 안으로 들어갔다. 다시 볼 수 있어서 감사했다. 콘서트가 진행되는 사이 간단한 다과와 차를 준비하고 음향실과 방송실을 오가며 주변을 둘러보았다. 콘서트 중반을 지났을 무렵, 먼 발걸음을 해 주신 박종호 성가사님의 모습을 나도 보았으면 하는 생각에 2층으로 올라가 조용히 문을 열자 조명이 반쯤 꺼져 있는 2층 너머로 박종호 성가사님의 모습이 눈에 들어왔다.

대부분 성가사님의 모습을 가까이 보고자, 1층에 좌석이 가득 차 있었고 2층에는 비교적 많지 않은 성도님들이 앉아 계셨다. 그리고 2층 좌석의 중간 즈음에 그녀와 그녀의 여동생이 함께 앉아 있었다.
찬송가를 부를 때나, 들을 때면 상체를 좌우로 2~3cm 정도 움직이며 반주에 리듬을 맞추는 그녀의 습관도 여전하였다. 군 입대와 전역을 하고 나서 수년이 흐른 후 처음 다시 본 그녀의 뒷모습이었다.

박종호 성가사님께서 찬양을 마치시고 다음 곡에 대한 짤막한 설명을 이어 가셨다. 하나님의 시간과 은혜에 대한 말씀이었다. 그 말씀을 듣는 도중에 그녀는 고개를 숙이고 흐느끼기 시작하더니 성가사님의 찬양이 계속되는 내내 눈물을 그치지 못하였다. 한번 눈물보가 터지면 멈추지 못할 정도로 엉엉 우는 그녀의 습관 또한 나는 알고 있었다. 갑작스런 대성통곡에 옆에 있던 동생도 놀라 등을 쓰다듬으며 애썼지만 찬양곡이 바뀌고 바뀌어도 그녀는 눈물을 그칠 줄 몰랐다. 그녀는 내가 서 있는 자리에 있을 수 있도록 인도하고 안내해 준 사람이었다. 그리고 세상이 얼마나 따뜻할 수 있는지 알게 해 준 사람이었다. 조명이 반쯤 꺼진 2층에서 그녀의 흐느끼는 뒷모습을 보며 '얼마나 아팠을까…'라는 생각과 함께 여러 생각이 찾아오는 사이 조용히 문을 닫고 걸어 나왔다. 그렇게 그녀의 마지막 모습을 볼 수 있었다.

―

한창 사법시험 준비에 열중이던 어느 날, 서점을 방문한 적이 있었다.
토익 교재와 법학 과목 관련 서적을 둘러보고 있던 중에, 대학생으로 보이는 여성 두 분이 설문지를 건네며 말을 걸어왔다. 교회에 다니는지 여부를 묻고는 자신들이 총신대학교 용인캠퍼스 신학생들이라 소개하며 기독교에 관심이 있으면, 설문에 응해 줄 수 있겠냐고 말을 걸어왔다. 흔쾌히 응하며 그들과 대화를 이어

갔고, 내가 적극적인 태도를 보이자 앉아서 좀 더 길게 이야기를 나눌 수 있는 곳으로 장소를 옮기자는 제안을 받았다. 하나님을 알아 가고, 성경말씀을 전하고자 설문지를 만들어 공공장소에서까지 열심을 내는 그들이 기특해 보이기도 하여, 그들이 인도하는 장소에 도착하여 대화를 이어 갈 수 있었다.

그러나 그들이 이끈 장소에 들어서는 순간부터 무언가 좀 이상하다는 느낌을 받기 시작하였다. 입구에 붙어 있는 명패에는 '대전광역시 자원봉사센터'라고 적혀 있었지만, 내부 공간은 온통 성경에 관련된 내용의 현수막들이 걸려 있었다. 대전광역시 자원봉사센터에서 실제로 인턴 경험이 있었던 나는 자원봉사센터와 성경 공부방의 조합에 대해 의구심을 가질 수밖에 없었다. 더구나 대외적 명칭은 대전광역시 자원봉사센터라는 공적 이미지를 갖추고, 내부의 실체는 성경 공부를 하는 곳이라는 이중성이 느껴져 더욱 그러했다. 테이블에 앉아 성경과 기독교에 대해 이야기를 나누며, 그들은 어느덧 설문지 작성 따위는 필요 없다는 듯 설문지를 꺼내려 하지도 않았다. 성경책을 가져와 성경의 군데군데를 매칭하며, 어느 한 구절의 의미가 무엇인지를 알려주겠다며 성경의 다른 부분을 찾아 답을 내어 준다는 듯 이야기를 풀어 갔다. 설문지는 제쳐 두고, 성경책을 꺼내어 자신들의 해석을 내놓는 행동도, 바로 본론으로 늘어가고 싶은 것으로 이해하며 그들의 이야기를 듣는 중이었다. 그들은 차근차근 풀어놓던 성경 이야기가 끝날 즈음 내가 생각한 본론이 아닌 그들의 본론, 여기까지 나를 이끌고 왔던 목적에 대하여 드디어 밝혀 갔다. 자신들이 성경에 대한 진수를 보여 준바 내가 해야 할 일은 현재 출석하는 교회를 떠나 반드시 자신들의 공동체에서 성경 공부를 하여야 한다는 이야기였다.

갑작스런 제안에, 훅하고 치고 들어오는 그들의 태도에 나는 당연히 거절을 하였다. 그들은 나의 답변에 180도 태도가 돌변하였고, 얼굴까지 붉으락푸르락해 가며 쌀쌀한 인사치레와 함께 나를 내보냈다. 그들이 인도했던 장소를 나오며, 나는 어안이 벙벙하여 내가 무슨 일을 겪은 것이지 찬찬히 생각해 볼 수밖에 없었다. 대전광역시 자원봉사센터에 확인 전화를 할지, 그들이 스스로 밝혔던 소속인 총신대학교 용인캠퍼스에 문의 전화를 할지 고민하던 차에, 후자를 택하고는 총신대학교 용인캠퍼스에 전화를 하여, 총학생회장과 통화를 할 수 있었다. 그들의 신분이 거짓으로 확인되는 시간은 그리 길지 않았다. 총학생회장은 요즘 들어 곳곳에서 그런 일들이 발생하고 있다는 이야기를 해 주며 'S집단'이라는 단체의 활동 양상이라는 말을 덧붙여 주었다. 하나님의 말씀을 전한다고 하면서 거짓신분을 만들고 접근한다는 괴상한 논리를 떠올려 보며 묘한 감정이 섞인 채 'S집단'이라는 단체에 대해서 조사를 시작하였고, 교회를 다니신 지 오래되고, 신학교를 준비 중이었던 D형에게도 겪었던 일에 대해 함께 논의하였다. 이후, 그들을 방지할 수 있도록 내가 할 수 있는 것들이 무엇이 있을지 고민하기 시작하였다. 당시에 내가 할 수 있는 방법은 청년부 안에서 가까운 이들에게 나의 경험담과 그들의 실체, 접근 방법 등을 알리는 정도였다.

―

사법시험을 본격적으로 공부하기 위해 먼저 영어 성적을 만들어야 했다. 제도가 개편되어 각종 고시의 영어시험은 토익, 토플 등 공인 영어시험 성적으로 대체되었다. 토익을 선택하고 대전에 사시는 누님의 도움으로, 영어 학원에 등록을 할 수 있었다. 나의 개인적인 성향으로 인스턴트 음식을 그다지 좋아하지 않는 것처럼 영어도 토익 성적만을 단기간에 만드는 수업이 아니라, 영어 자체에 대한 뿌리와 기초부터 내 것으로 만들어가는 수업을 수강할 예정이었다. 적당한 영어 학원을 인터넷에서 검색하던 중, '영어로 인해 당신의 비전을 낮추지 마시기 바랍니다'라는 문구로 홍보 중인 학원을 알게 되었다. 영문과 대학생이 중학교 교과서를 가지고 새롭게 다시 영어 공부를 하는 곳이라는 수강 후기도 볼 수 있었다. 점수 만들기에 급급하지 않고, 영어를 체화시킬 수 있길 바랐던 나는 곧바로 등록을 했다. 학원을 다니는 동안 신기한 장면들을 많이 목격할 수 있었다. 학원 초기에는 빌딩의 한 개 층이 학원의 전부였고 선생님도 원장님 한 분이셨다. 박진수 원장님의 수업을 듣고자 수강 신청 접수 기간이 되면, 접수자들의 줄이 늘어서서 연면적 200여 평이 넘는 빌딩을 서너 번 둘러 줄을 선 수강생들의 모습들과 한 개 층을 사용하며 조그마했던 학원이 이후에는 건물 전체를 이용하며 확장되는 놀라운 일들도 볼 수 있었다.

어느 날인가 박진수 원장님이 수업 도중에 갑작스레 학생들을 등지고 칠판을 보며 한동안 눈물을 흘린 적이 있었다. 가끔 자신들의 의지로 학원을 등록하지 않고, 부모님들에게 떠밀려 온 학생들은 방만한 수업 태도를 보이곤 했는데, 수업 내내 파이팅 분위기로 이끌어가던 박진수 원장님이 눈물을 참지 못한 것이었다. 박진수 원장님은 뒤돌아 눈물을 닦으며 자신이 울음을 참지 못했던 이유를 말해 주었다. 자신의 미국 유학 시절, 고픈 배를 움켜지며, 때로는 밥 한 공기에 물을 부어 수십 분이 지나 물에 불은 밥을 먹어야 배불리 먹을 수 있던 시절, 그때를 넘어서고 현재의 위치에 이르러 한국에서 지내다 보니 영어로 인해 좌절하고, 꿈을 이루지 못하는 학생들이 너무나 많이 보인다는 것이었다. 그 방만한 학생들이 지금은 비록 깨닫지 못할지라도, 그들이 취업 전선에 이르렀을 때, 비전을 향해 나아가고자 할 때에 지금의 방만한 태도가 어떠한 결과를 만들지 너무나도 잘 알기에 본인의 마음이 너무나 아프다는 말이었다. 그러고는 공부가 잘 되지 않을 때, 혹은 비전을 위한 고민이 있을 때, 언제든 상담을 신청해서 본인과 만남을 갖자는 말을 덧붙여 주셨다.

배운 것을 남 주기 위해 학원을 시작한 만큼 목숨 걸고 수강생들의 미래와 비전을 위해 달려가겠다는 말씀도 있었다. 학생들이 공부하지 않는 모습을 보고, 마음이 아파 눈물 흘리는 선생님. 점점 더 박진수 원장님을 알아 가게 되면서 원장님의 그러한 마음의 동기는 하나님 앞에서 무릎 꿇는 데서부터 시작된다는 것을 알게 되었다.

박진수 원장님의 그 열정은, 빌딩의 조그마한 한 개 층 사무실에서 시작해, 10여 년 만에 전국 각지에 분점이 세워지기까지 계속되었고, 해외까지 진출하며 전국의 어학원 평가에서 다년간 1위를 차지하고 있었다. 또한 빌딩 전체를 사용하면서, 한 개 층에 예배실을 마련하여 수강생들과 함께 기도하고 예배드리는 공간도 볼 수 있었다. 원장님 한 명의 강의가 실시간 방송과 녹화 방송을 통해 전국의 수만 명 학생들에게 전파되는 시스템이었다. 원장님은 바쁜 일정에도 그 수천수만 명 학원생들의 생일을 낱낱이 챙겨 수업 직전 생일 파티를 열어 주고, 3개월의 커리큘럼이 끝나면 CGV 영화관을 통째로 전세 내어 수료생 전원을 초대하는 쫑파티를 열어 주기도 하셨다. 학생들을 위해 무릎 꿇고 기도하며, 빼어난 실력으로 섬기는 원장님을 곁에서 뵐 수 있다는 것은 감사한 일이었다.

예수님의 향기를 나타내며, 그리스도인으로서 본이 되고, 실력이라는 도구를 가지고 섬기는 모습은, 좋은 리더란 어떠한 모습인지를 실제로 보여 주며 나의 20대에 많은 영향을 주었다.

학원을 다닌 지 수개월이 지났을 즈음, 나에게 신학생을 사칭하며 설문지 응답을 요청했던 'S집단' 측 사람들이 학원에 다니는 것을 발견하고 학원 관계자들에게 알렸지만 학원 측에서는 딱히 이렇다 할 조치를 취할 수 있는 사항이 아니었기에 그저 학원 관계자 회의에 반영되는 정도로서 마무리되었다.

전역 후 교회를 출석하며, 청년부에서 서기라는 직책을 맡게 된 나는 교회 안에서 봉사를 더 열심히 하기로 마음먹고, 우울했던 나의 고등학교 시절을 떠올려 보며 고등부 교사를 맡았다. 고등부 교사를 맡은 지 몇 개월이 지나고, 고등부 교사회의 권유로 고등부 청년들로 구성된 기도모임에 인도자가 되었다. 전역 후 다시 교회에 출석한 시 반 년여 만에, 청년부 서기와 고등부 교사, 기도모임 인도자라는 중책을 맡은 것이었다. 교회의 직책 중 중하지 않은 직분이 없지만, 한 영혼 한 영혼에 맞닿는 설교를 하고, 예배를 인도한다는 것은 그 영혼에 미치는 영향력과 하나님의 말씀, 메시지를 전한다는 거룩함과 무게감으로 인해 적잖이 거룩한 부담을 갖게 되는 시간이었다.

출석하던 교회에는 교회 밖 선교단체에 속한 분들이 많았다. 'ㅇㅇ'라는 기도학교였는데, 교회의 권사이시면서 동시에 내가 속한 고등부 주일학교 교장을 맡고 계시는 권사님께서는 ㅇㅇ라는 단체에서 오랜 시간 활동해 온 분이셨다. 권사님의 권유로 다수의 집사님들과 청년들도 ○○라는 기도학교에 참석하고 있었다.

각 학교들은 여름 방학을 하고, 교회들은 여름 성경학교 준비에 한창이었다. 청년부에서는 여름 수련회를 준비해야 했고, 나는 다음 주 평일에 있을 임원 회의에 앞서 하루하루 기도를 드리며 때로는 수련회 장소로 적당한 곳을 알아보기도 하였다.
저녁 7시에 각자의 일과를 마치고 청년부 임원들이 회의 장소에 모이게 되었다. 가장 우선적으로 정해야 할 사항은 무엇보다 어디로 수련회를 갈지에 대한 수련회 장소 선정이었다. 기관, 기도원, 수련원, 교육관 등 어느 곳에서 수련회를 진행할지 결정이 되어야 이동시간과 수단, 필요 경비, 숙박 비용 등의 견적이 만들어질 수 있기 때문이었다. 회의가 시작된 지 수 분이 지났는데도, 수련회와 관련하여 정해야 할 사항은커녕 사소한 안건조차도 나오지 않았기에 내가 먼저 말문을 열어 갔다.

"이제 열흘 정도 남아서, 장소라도 우선 정하는 게 좋을 것 같은데요. 추천해 주실 만한 곳 없으세요?"

질문은 내가 던졌는데도 나의 질문에는 응답이 없고, 각 임원들이 앞에 있는 혹은 옆에 있는 임원들에게 서로가 생뚱맞은 질문을 다시 던질 뿐이었다.

"너, 하나님한테 응답 받았어?"

"아니, 난 못 받았어."

"어, 나도 못 받았어."

갑작스런 엉뚱한 대화 속에서 서로 지금 무슨 얘기를 하는 것인지 의문이 들었다.

'수련회 장소 정하는데 하나님 응답을 받았냐고 물어본다?'

'객관적으로 적당하다고 판단되는 서너 군데 중에서, 의견을 합치해서 가장 적절한 곳으로 정하면 되는 것 아닌가.'

나를 제외한 나머지 모든 임원들은 한결같이 아직 하나님의 응답을 받지 않아서 무언가 정하기가 곤란하다는 입장만을 펼쳐갔다. 머릿속이 갸우뚱해지는 느낌이었지만, 굳이 내색은 하지 않은 채 회의가 종료되었다. 내가 입을 열수록 나만 외계인이 되어 가는 느낌만 지속되었기 때문이었다. 그리고 한 주가 지나는 동안 나는 여전히 매일매일 기도하며 인터넷에서 얻을 수 있는 정보와 자료들을 준비해 갔다.

그리고 한 주가 지나, 수련회를 나흘 남긴 상황에서 비슷한 시각에 임원 회의가 다시 시작되었다.

"잘들 지내셨어요? 이제 수련회 출발일이 며칠 안 남았으니까 장소를 어서 정해야겠지요?"

나는 조금 조급한 마음이 생겨 먼저 운을 떼었지만, 이상하게도 분위기는 지난주와 별반 다르지 않았다. 그리고 서로 오고 가는 대화도 역시 동일했다.

"너, 응답 받았어?"
"아니….".

임원회의가 이루어지고 있는 곳이 교회라 하여도, 이해하기 힘든 대화에 대해 내가 먼저 물었다.

"무슨… 응답…이요?"

그러자 나보다 연배가 서너 살 많은 총무 누나가 나에게 안타깝다는 듯한 시선을 보내며 대답하였다.

"원범아… 너도 기도하면 하나님께서 응답해 주실 거야. 어디로 갈지, 어떻게 준비할지… 우리는 아직 하나님께 응답을 못 받았어. 그래서 아직 어떤 것도 정하기에는 이른 것 같애. 너도 열심히 기도하면 하나님께서 응답해 주실 거야."

총무 누나의 대답은 나를 혼란에 빠뜨렸다. 또한 많은 의미를 담고 있었다. 우선 나는 하나님께 기도를 드리지 않고, 내 머리로만 무언가를 결정하는 사람으로, 그리고 나머지 임원들은 하나님께 기도를 열심히 드려 하나님으로부터 응답을 받고 신앙생활을 하는 사람으로 이미 단정 지은 위치의 구도에서 이야기가 진행되고 있다는 사실이었다.

총무 누나의 대답을 듣는 순간, '뭐지? 모세처럼 하나님께서 직접 무언가를 말씀해 주신다는 건가?'라는 생각이 떠오르기도 했지만, 수련회 출발일이 며칠 남지 않은 상황에서 (이미 그동안 하나님께 기도를 드렸으므로) '하나님께서 주신 머리로 생각을 하고 적절한 곳을 정해서 가면 안 되는 것인가?'라는 생각도 동시에 들었다.

나를 제외한 나머지 모든 임원들이 총무 누나의 말에 동조하는 분위기 속에서 나 혼자 회의를 진행해 나가기도 어려운 눈치였다. 그럼에도 수련회가 불과 나흘 앞으로 다가온 시점이기에 한마디 말이라도 던지고 회의를 마쳤다.

"예약하려면 적어도 2~3일 전에는 어디로 갈지 정해야 하는 거 아닌가요?"

"그래. 좀 더 기다려 봐."

임원 회의를 마치고 약간 힘이 빠진 어깨를 하고 집으로 향하는 길에서 생각이 복잡했지만 어디서부터 문제인 것인지 갈피를 잡기가 어려웠다. 마치 본인들은 하나님과의 관계에서 기도생활과 신앙생활을 잘하고 있는 것으로 이미 정하여 말하고, 나는 기도도 하지 않고 어설픈 신앙생활을 하는 사람의 이미지로 색깔이 칠해져 대화가 진행되었다는 것도 불쾌하였다.

'나도 매일 기도했는데… 기도는 기본 아닌가? 각자 일주일 동안 열심히 기도하고 회의 장소에 모였으면, 하나님께서 주신 능력과 지혜를 사용해서 할 수 있는 일들을 해 가면 되는 것 아닌가?'

어디서부터 문제인지 답을 낼 수 없던 밤을 지내고 다음 날 오후에 문자가 왔다. 수련회 장소가 급하게 정해졌고, 서둘러서 마트에 장을 보러 가야 하는데 같이 가 줄 수 있겠냐는 회계 담당자분의 문자였다. 함께 장을 보며 자초지종을 묻자, 오늘 오전에 청년부 담당 전도사님으로부터 수련회가 3일 남았는데 장소도 아직 정하지 않고 장소 예약도 되어 있지 않다는 질책 섞인 전화를 받고 총무 누나가 급히 정한 것이라고 하였다. 그리고 교회 사무실에서도 소요 경비 책정을 위해 견적서를 얼른 보내 달라는 독족 전화가 있었다고 하였다.

카트 세 개에 식료품과 물자들을 서둘러 가득 담으며 '지금 이게 뭐하는 건가'라는 생각이 들어 함께 장을 보던 임원분에게 괜한 질문을 던졌다.

"전도사님 화나신 거 아니세요?"

이어진 회계 담당자분의 답변은 나를 다시 한번 혼란스럽게 했다.

"괜찮아, 우린 기도하고 있었으니까… 하나님께서 이렇게 응답해 주실 수도 있는 거지."

그러고 보니 회의에 참석했던 임원분들은 나를 제외하고는 모두 교회 밖에서 진행되는 기도학교 'ㅇㅇ'라는 단체에 속해 있는 분들이었다.

고등부 교사를 하던 여름 무렵, 청년부 수련회와는 별도로 고등부 수련회도 준비해야 했다. 고등부 수련회를 준비할 때는 군 입대를 앞두고 내가 근무할 지역과 건물들을 꿈에서 볼 수 있었던 것처럼 수련회에 도착하여 2박 3일을 지낼 장소와 풍경을 수련회 출발 전날 밤, 꿈속에서 미리 보고 출발할 수 있었다. 전세버스 안에서 함께했던 고등부 청년들의 때 묻지 않고 순수한 모습들은 파란 하늘과 푸른 바다보다도 빛나 보였다.

꿈에서 미리 보았던 건물을 내 발로 들어서고, 건물 밖의 풍경들이 우리를 반갑게 맞아 주었다. 3일간의 수련회 주제는 '여호와를 알자. 여호와를 힘써 알자'(호세아 6:3)는 것이었는데, 수련회의 진행과 초청된 강사분의 강의 내용은 주제와 많이 다른 느낌을 받았다. 예전에 아르바이트했던 식당의 사장님을 통해 참석했던 부흥회와 비슷하게 조성된 큰 소리의 반주 음악과 통성기도, 방언기도가 전반을 이루며 제자리에서 방방 뛰며 기도를 하는 집사님들과 학생들도 있었다. 그러고 보니 고등부에 속해 있는 교사분들 대부분이 고등부 교장 선생님이자 ○○ 기도학교 교장으로 계시는 권사님을 주축으로 ○○ 기도학교에 속해 있으신 분들이었다.

어쨌든 나도 기도시간에 내 나름대로 하나님께 기도를 드리며 낯설고 어색한 수련회 기도시간에 묵상기도와 나름의 통성기도를 드리며 기도시간을 마쳤다. 그들의 기도하는 모습이 뭔가 있어 보이기는 했다. 나보다 간절해 보이기도 하고, 알아듣지 못하는 방언으로, 그것도 큰 소리로 기도를 하니 영적인 능력 같은 것들이 남달라 보이기도 했다. 하지만 하나님 앞에서의 신앙은 비교할 수 있는 게 아니라는 생각이 들었던 것과 동시에 바울도 성경에서 밝힌 바와 같이 각종 은사는 질서 있게 사용하는 것이라 하지 않았던가. 인간적인 경쟁심이 신앙생활에서도 반영된다면, 욕심내고, 나도 방언을 할 수 있게 하나님께 떼를 쓸 수도 있을 일이지만, 그런 마음은 전혀 들지 않고, 위축될 일도 아니라 생각되었다.

고등부 수련회인 만큼 휴식시간은 여느 아이들과 다름없이 어수선하였는데, 차분한 분위기로 가라앉힐 겸 내가 앞에 나가 짤막한 퀴즈시간을 진행했다. 이번 수련회의 주제를 떠올리며 기초를 튼튼히 해 보자는 취지에서 수련회에 참가하신 모든 분들에게 우리가 기도와 찬양을 드릴 때 많이 쓰는 '아멘'의 뜻에 대해서 질문을 던진 것이었다. 내 머릿속 계획으로는 수련회에 참가하신 분들 중고등부 교사분들이나 학생들 중에서 의미를 알고 계신 분이 손을 들어 퀴즈의 정답을 말할 것이고, 덕분에 의미를 몰랐던 모든 분들이 알게 되는 계기가 될 수 있을 것이라는 생각에서였다.

하지만 수련회에 참석하신 50~60명 중에 '아멘'의 의미에 대해서 아시는 분들이 고등부 교장을 포함하여 단 한 분도 계시지 않았다. 신앙생활을 하며 지금껏 짧게는 수년 혹은 수십 년간 아멘을 외쳐왔음에도 '근데, 아멘이 무슨 뜻이지?'라는 질문은 나의 퀴즈가 전달됨과 동시에 아무도 답변치 못하는 고요함 속에서 대단히 어색한 분위기를 만들었다. 내가 생각했던 진행에 변수가 생겼다는 것을 직감한 나는 서둘러

퀴즈의 답을 발표하며 짤막한 퀴즈시간을 마무리 지었다.

　수련회는 별 탈 없이 마쳐졌다. 일상으로 돌아와 토요일에 기도모임을 갖고, 다음 날인 주일에는 고등부 교사 회의가 있는 날이었다. 교회에 가기 전 이른 새벽에 꿈을 꾸었는데, 무슨 의미인지 헤아리기가 어려웠다. 어느 익숙한 공간에서 사람들이 사각 테이블에 모여 앉아 있었다. 그중에 몸은 사람인데, 얼굴은 개(Dog)인 자가 나를 향해 짖어대는 꿈이었다. 주일이면 청년부 서기 업무, 고등부 교사 역할, 기도모임에 대해 준비해야 했기에 꿈에 대해서는 잠시 잊은 채 교회로 향하였다. 매 주일 하던 일들을 마치고, 오후가 되어 고등부 교사 회의에 참석하여 시작기도가 진행되었다.

　회의가 시작되자, 모든 회의 안건이 제쳐진 채 당시 고등부 주일학교 교장 선생님이시자, 교회에서 오랜 경험과 연륜을 지니신 권사님께서 날카로운 어조로 내 이름을 부르셨다. 여러 고등부 교사들이 참석한 회의 자리에서 나의 이름을 호명하며 수련회에서 실망하였다는 내용의 말씀들을 이어 가셨다.

　"김워벼 선생, 그런 식으로 기도할 거예요? 내가 수련회 때 지켜보니까, 방언을 못하던데⋯ 기도생활 열심히 하세요. 기도를 열심히 안 하니까 방언이 안 터지잖아요! 어렵다고 생각하지 말고 하루에 1시간씩,

늘려서 하루에 10시간씩 기도해 보세요. 방언 터집니다! 기도생활 똑바로 하세요. 김원범 선생만 방언 못 하잖습니까!"

몹시나 당황스러웠지만, 권사님의 긴 말씀이 이어지는 동안 내 머릿속엔 꿈에서 보았던 장면이 떠올랐다. 정확히 맞았다. 속사포처럼 쏟아지는 권사님의 말씀에도 불구하고 신기할 정도로 내 안에서부터 평안함이 느껴지는 가운데, 꿈속에서 본 것들과 내가 처한 상황을 대응시켜 볼 수 있었다. 네모난 긴 테이블에 둘러앉은 사람들, 외투를 입고 있는 권사님, 그리고 나를 노려보며 성난 목소리로 꾸짖으시는 모습. 그렇다. 내가 새벽에 꾸었던 꿈과 정확히 일치했다. 신기하게도 권사님의 근거를 찾기 힘든 질책에도, 교회 안에서 권사님의 권위, ○○ 기도학교에서 교장이라는 권사님의 권위에 눌려 누구 한 명 토를 달거나, 이상하게 여기는 분들이 없었다. 그렇다. 교회 안에서 방언을 한다던가, 여러 은사를 행하는 사람이 있으면, 성도분들도 사람인지라, 영적으로 더 앞서 있거나, 신앙생활을 잘 하는 사람으로 여기는 듯하였다. 짧지 않은 시간 동안 계속된 권사님의 지적은 권위 있는 누군가가 마땅히 그리고 당연히 꾸짖어야 할 내용을 행하고 있다고 여기는 듯한 분위기였다. 혹은 권사님의 행동에 동의하지 않더라도, 신앙생활을 그렇게 열심히 하시는 권사님께서 꾸짖으시는 이유가 있을 것이라고 여기는 분위기였다. 권사님의 성난 지적이 마쳐질 즈음, 고개를 들어 주위를 둘러보니 고등부 교사분들은 대부분 ○○ 기도학교에 참석하시는 분들이었다.

교회를 다닌 지 몇 해 되지 않고, 성경에 대해 다년간 공부를 한 것이 아니었던 나는 원인을 알 수 없는 평안 중에 머리는 복잡한 상태를 애써 정리하며 집으로 돌아왔다.

'내가 지금껏 신앙생활을 잘못해 왔다는 것인가? 잘못해 왔나?' 자문하며 상처받은 내 인격과 감정은 돌보지 못한 채 그렇게 머릿속 질문을 반복하고 있었다.

집에 돌아와 차분히 생각해 보았다. 권사님의 말씀은 나의 신앙 정체성과 방향성의 옳고 그름에 대한 근간을 뒤흔드는 말씀이었다.

'내가 신앙생활을 잘못해 온 것인가?'

워낙에 교회에서 권위가 있기로 인정받는 분의 날이 선 비인격적인 지적에 나는 이런 검토를 해 보지 않을 수 없었다.

덧붙여 드는 생각으로 이번 일도 하나님께서 앞서 꿈을 통해 보여주심으로 '내가 너와 함께하고 있다'는 메시지를 분명히 말씀해 주셨다는 것을 깨달을 수 있었다.

하지만 권사님의 지적에 대하여 성경에 근거한 반박을 할 정도로 성경적 박식함을 갖지 못하고 있는 나 자신의 상태가 답답하기도 하였다. 결국 나는 성경을 더 열심히 파고드는 방법을 택하였다. 그 일 이후, 시간이 흐를수록 ○○ 기도학교에 출석하는 동기 녀석들과 여러 성도분들이 ○○라는 기도학교로부터 받은 영향으로 인해 기형적인 신앙생활을 이어 가며, 일상생활에 어려움을 겪는 분들이 속출하고 있다는 사실을 접할 수 있었다. 영적인 것이라는 것과 관련하여 눈에 보이지 않는 뜬구름을 잡는 것들도 영적인 것이라며 포장하여 전달할 수도 있고, 신기한 행동과 놀라운 일들을 조금 보이면, 영적인 능력이 있는 것처럼 비추어질 수도 있기 때문이었다. 시간이 흐를수록 ○○ 기도학교를 이탈하는 분들이 늘어났다.

책을 사러 서점을 향해 가고 있었다. 내가 시내를 돌아다닐 때에는 '도를 아십니까?'라며 말을 걸어오시는 분들이 그냥 지나치는 적이 거의 없었기 때문에 그날도 조금은 경계하는 마음으로 버스에서 내리고 있었다. 버스에서 내린 지 10분가량 되었을 때, 역시나 나의 뒤에서 누군가 내게 말을 걸어왔다.

"도를 아십니까?"

나에게 말을 걸며 내 옆으로 다가온 분은 여성분이었다. 그런데 평소와는 사뭇 달랐다. 대게 두 명이서 함께 다니다가 수련을 더 많이 한 분이 직접 말을 걸어오는 게 내가 겪었던 수년간의 경험인데, 이번에 나에게 말을 걸어오신 분은 혼자서 시내를 돌아다니고 계셨다. 문득 '수련을 많이 하신 분이신가' 하는 호기심이 들었고, 그냥 지나치지 않고 응하여 대답하였다.

"무슨 일이신데요?"

"말씀 좀 나누었으면 해서요."

"말씀이요? 그러시죠. 어디가 편하실까요?"

그 여자분은 이야기를 나누기에 좋은 장소가 가까이에 있다고 하며 근처에 있던 롯데리아 매장의 지하층으로 나를 데려갔다. 음식을 주문하지 않은 채, 서로 마주 앉자 그 여자분이 나에게 몇 가지를 물어보았다. 나의 생일과 고향, 몸에 아픈 곳이 있는 것 등을 나에게 질문했는데 한두 가지는 내가 대답하지 않은 부분을 맞추기도 하였다.

그러나 대게 이런 상황에서는,

"집에 감나무 있지?"

"없는데요."

"있으면 큰일 날 뻔했어!"

라는 레퍼토리가 형성되는 경우가 다반사일 수 있기에 별 대수롭지 않게 여기며 속으로 주기도문을 외우며 기도를 시작하였다. 그전에 그 여자분에게는 하시고 싶은 말씀을 하시라고 해 놓은 상태였다.

그 여자분은 사소한 것부터 거창한 이야기까지 말하기 시작하였고, 나는 속으로 티 나지 않게 주기도문으로 기도를 드리기 시작한 것이다. 3분 정도가 지나자 이상한 일이 발생했다. 그녀가 갑자기 졸기 시작한 것이다. 그녀의 눈꺼풀이 자연스레 아래로 내려가 눈을 절반 정도 가리며 말투는 어눌해져 갔고 발음은 흐트러져 갔다. 5분 정도가 지나자 갑자기 쏟아지는 졸음을 견디기 어려워 몸을 앞뒤로 흐느적거리기도 했다. 갑자기 본인의 의지와 다르게 눈꺼풀이 감기는 모습이 신기하기도 했지만, 길을 지나가던 사람을 불러놓고, 졸고 있다는 것도 불쾌하여 그 여자분을 조금 큰 목소리로 깨웠다. 그 여자분은 눈에 힘을 주어 보고, 고개를 흔들며 애써 잠을 떨치고자 했고, 자세를 가다듬고 내게 하고 싶은 말을 하기 시작했다. 이번에는 처음보다 더 무거운 잠이 오는 듯, 눈꺼풀을 들어올리기가 힘든 표정을 지으며 쏟아지는 잠을 어쩔 수 없다는 듯 내 앞에서 고개를 숙이고 있었다. 나는 속으로 주기도문을 계속해서 기도드리며, 손으로 그 여자분의 어깨를 흔들어 깨웠다. 그 여자분과 내가 롯데리아 매장에 앉은 지 5~6분 사이의 일이었다. 어깨를 흔드는 상황에도 그 여자분은 잠에서 완전히 깨지 못하고 반쯤 감긴 눈으로 고개를 들었다 떨구었다를 반복하다 결국 고개를 숙인 채 자려 하였다. 속으로 기도를 시작한 지 불과 1~2분 만에 갑작스레 맞게 된 상황이 나도 신기하였기에, 고개를 숙이고 자고 있는 그 여자분을 한동안 지켜보고 있다가 무언가 매듭을 짓고 일어서야 할 것 같다는 생각이 들었다. 고개가 꺾인 채 자고 있는 그 여자분을 다시 깨우며 말씀을 계속해 보시라고 권하였다. 그 여자분은 나에게 반쯤 감긴 눈을 한 채 마지막 말을 뱉고는 롯데리아 테이블에 엎드려 아예 잠을 자기 시작하였다.

"당신한테는 얘기 못 하겠어요. 가세요…."

―

전역한 지 얼마 되지 않았을 때였다. 대전에서 유동인구가 많은 중구청 사거리에서 편의점 아르바이트를 시작하였다. 야간 근무였기에 저녁 10시부터 아침 8시까지 밤을 꼬박 새워야 하는 일이었다. 편의점 주변이 대부분 호프집이거나 여느 술집이었기 때문에 술에 취한 손님들이 많이 오는가 하면 가끔씩 손님으로 가장하여 물건을 훔쳐가는 사람들도 더러 나타나는 곳이었다. 일을 시작한 지 3개월 정도가 되니, 이제는 어떤 사람이 가게에 들어와도 대처할 수 있겠다 싶었다. 하지만 새벽 3시경에 절뚝거리는 발걸음으로 가게에 들어온 어느 할아버지가 나의 그런 자신감을 흔들었다. 백발의 머리는 헝클어지고, 눈은 반쯤 감겨 초점을 잃은 채, 입가에 침을 많이도 흘리는 할아버지였다. 그 할아버지는 계산대 앞으로 다가와 진지한 표정을 지으며 다짜고짜 내게 말하였다.

"내가 기독교로 치면 예수고, 불교로 치면 석가모니다."

그러고는 침을 계속해서 흘리며 절뚝거리는 발걸음으로 가게 안을 돌아다니고 있었다.

그 할아버지의 말을 듣는 순간, 나는 선뜻 판단하기가 어려웠다. 극과 극의 상황이라는 것밖에는 내가 알 수 있는 것들이 없었다. 당시 나는 26살의 나름 순수한 청년이었고, 성경을 읽어 가고 있었으므로, 예수님께서 다시 오실 것이라는 성경구절도 내가 처한 상황과 연관 지어 보았다.

'그런데, 석가모니란 또 무엇인가…'라는 생각이 꼬리에 이어지며, 죄가 영혼을 가득 채웠다는 표현의 성경 구절인 '죄가 관영했다'는 내용도 떠올랐다. 보통 웬만큼 타락하지 않으면, 신에 대한 모독을 하지는 않을 것이라는 개인적인 생각이 있어서인 듯했다.

할아버지가 매장 바닥에 침을 계속해서 흘리고 다니는 모양새를 보며, 저지해야겠다는 생각이 들었지만, 매장 안의 상품들을 둘러보는 할아버지가 혹시나 물건을 집어 계산하려 한다면 침을 흘리고 다닌다고 할아버지를 매장 밖으로 내보낼 수도 없는 일이었다.

얼마 전, '도를 아십니까'라는 말을 건네 온 분 앞에서 기도를 계속했던 것처럼, 나는 이번에도 속으로 기도를 해야겠다고 생각하고 계산대에 서서 할아버지를 지켜보며 기도하기 시작했다. 주기도문을 한 번 마치고, 다시 주기도문으로 기도를 드리려던 순간에 할아버지는 매장을 돌던 방향을 바꾸어 내가 서 있는 계산대로 향하며 내게 분노한 표정으로 말을 던졌다.

"기도하지 마! 이 개××야!"

그리고 다시 한번 눈에 힘을 주며 같은 말을 던졌다.

"기도하지 마!"

나는 분명 입도 열지 않고 속으로 기도를 하고 있었고, 할아버지는 10미터가 넘게 떨어져서 침을 흘리며 매장을 돌고 있었는데, 어떻게 나에게 그런 말을 할 수 있는 것인지 놀라웠다.
사실 무서웠다. 눈에 백내장이 생기셨는지, 희고도 노란 눈으로 나를 노려보며 내가 겉으로 드러나지 않게 했던 행동에 대해 지

적을 하다니. 그러나 어쨌든 아침 8시까지는 내가 가게를 지켜야
한다는 생각과 함께 물건을 사러 들어오신 분은 아니신 듯하다는
생각이 들어 전화기를 붙잡았다. 수화기는 붙잡았지만, 막상 손
가락으로 1이라는 버튼을 누르지 못하고 망설이고 있을 즈음, 할
아버지는 다행히도 매장을 한 번 더 돌고는 문을 열고 나갔다. 갑
작스런 상황에 긴장을 했던 탓인지, 할아버지가 떠나고 나니 할
아버지로 인해 매장 안에 역하고도 쾌쾌한 냄새가 진동을 하고
있다는 것을 그제야 알 수 있었다.

―

서울 연희동에서 회사를 다니며, 회사에서 15분 정도가 걸리는
곳에 오피스텔을 임대하여 거처를 옮겼다. 오피스텔 바로 옆 건
물에 독서실이 있어 출퇴근 시간과 이동시간들을 최소화할 수 있
는 장점이 있었고, 근무시간 외에는 내가 하고 싶은 공부를 그나
마 마음껏 할 수 있겠다 싶었다. 독서실 이용자들은 대부분 학생
들이었다. 여름이었던지라, 선풍기와 에어컨 등과 관련하여 독서
실 사장님이 깐깐한 잔소리를 이용자들에게 간간히 전달할 때였
다. 월 이용권에 대한 금전적 계산만을 먼저 한 탓에 입실자 카드
를 제출하지 않은 때였다. 어느 주말 오전 일찍 독서실에 도착하
여 가방을 푸는 중에 사장님께서 조용히 나를 부르셨다. '입실자
카드'를 적기 위해 잠시 원장실(사장님 방)로 와 줄 수 있겠냐는 말
이었다. 일주일 정도 지나치며 뵈었던 사장님은 얼굴에 자주 웃

음을 띠고 계신 분이셨지만, 얼굴에서 비춰지는 깐깐한 성격은 감추기 어려운 인상이었다.

입실자 카드를 건네받고 테이블에서 기입을 해 가는 중에, 사장님 책상의 책꽂이에 꽂혀 있는 교회 관련 파일들이 눈에 들어왔다. 성가대 회비 명단, 성가대 회원 명단, 복음찬송가집 등이 꽂혀 있었다. 이마가 반쯤 벗겨지고, 적어도 환갑은 넘으셨을 것 같은 독서실 사장님에게 말씀을 건넸다.

"장로님이신가 봅니다."

사장님은 내가 있는 뒤쪽으로 몸을 돌리며 그윽한 눈빛으로 나를 바라보았다. 그리고 말씀하셨다.

"응~ 아니여~ 아직 안수집사여~ 영적으로 보는 눈이 있구먼."

'영적이라….' 나는 내 눈에 비춰진 객관적인 상황들을 접하고 말씀드렸을 뿐인데, 그것을 '영적인 것'이라 해석하시는 사장님이 의아했다. 나는 영(Spirit)을 잘 모르고, 영적인 것도 잘 모르지만, 사장님의 그러한 상황 인식 방법과 사고방식은 하루 이틀 만에 만들어진 게 아니신 듯했다. 일상에서 일어나는 깃들에 대해 영적인 것이라고, 혹은 영적으로 해석한다는 사장님의 해석이 과연 지금 일어난 일에만 적용되었을까, 라는 생각을 해보며 굳이 사장님에게 책꽂이에 꽂혀 있는 교회 관련 자료들을 보았다고 말씀 드리지 않았다. 영적으로 보는 눈이 있다는 사장님의 말씀이 내가 입실자 카드를 써 내려가는 내내 나의 귀에 닿지 못하고, 천사들 머리 위에 동그란 링처럼, 나의 머리 위에 떠다니고 있었다.

고등부를 떠나 성가대로

  권사님과의 일이 머릿속에서, 마음속에서 정리되는 것은 생각보다 더디었다. ○○라는 기도학교에서 수년간 활동을 해 온 친했던 동기와 후배들이 일상생활이 되지 않는다며 나에게 진지한 상담을 청해 오기도 하였다. 이야기를 들어 보면, 들려주는 내용마다 보통 얽히고설킨 게 아니었다. ○○라는 단체에서 주로 쓰는 말로 '영적으로'라는 표현을 많이 썼고, 그들의 격하고도 비이성적인 언행들이 오히려 하나님께 향한 믿음 때문에 한다는 태도가 대부분이었기에 정상적인 생각을 하는 동기와 후배들의 의식에 아주 천천히 조금씩 스며든 듯하였다. 일개의 생각이나 관념이 왜곡된 것이 아니라, 삶의 자세 혹은 신앙관에 있어서 사고의 기틀이 되는 '인식'이 이미 그들의 비정상적인 사고 체계에 익숙해져 있어 몇 마디의 조언으로 바로 잡힐 문제가 아니었다.

함께 상담을 하고, 짧게나마 진지한 시간을 보냈던 그들을 위해 기도하였다. 그러는 동안 교회 안에서 나의 소속은 굳이 의도적이지 않아도 자연스레 다른 곳으로 옮겨지게 되었다. 교사나 기도모임 인도자보다는 활동 방식이 조금은 다를 수 있는 성가대를 고려하고 있던 터였다. 신년이 되면 청년부 예배보다는 장년부 예배를 드릴 생각이었기에, 성가대도 주로 집사님들과 장로님, 권사님들이 계신 장년부 성가대에 들어갔다. 고등부를 떠날 때에, 기도모임에서 함께했던 고3 수험생들이 용돈을 모아 산 와이셔츠와 예쁜 손 편지를 선물로 건네 왔다.

새로 입단한 성가대에서는 성가대 활동을 하신 지 십수 년이 되시는 분들도 꽤 많으셨다. 평균 10여 년 이상을 성가대에서 활동해 오신 분들로 구성되어 있었다. 나는 연초에 성가대 총무로서 정해졌고, 낯설지만 성가대 전반의 활동에 대해 살피는 직책을 맡게 되었다. 성가대를 시작한 후 2~3개월이 지날 무렵 나름대로 짐작해 본 것이지만, 성가대는 악보 복사, 준비물 챙기기 등 소소하게 발품을 팔며 신경 써야 할 부분이 있는데, 대부분이 40~50대 구성원인 성가대에서 20대 청년이 막내로 들어왔기에 그러한 일을 해야 하는 총무를 내게 맡겨주신 듯하였다. 선배 성가대원들보다 나이 차이가 스무 살 이상 어린 내가 어르신들과 함께하는 공동체에서 당연히 하는 게 맞다고 생각되었다.

성가대에서 내가 해야 할 일들이 익숙해지고, 궤도를 탄 듯한 매주가 지나고 있었다. 복음성가와는 다르게 소프라노, 알토, 테너, 베이스의 목소리가 합쳐져 조화롭고 아름다운 찬양의 소리를 낸다는 게 신기하고 재미있었다. 하나님께서 주신 서로 다른 목소리들이 조화로운 선율로 하나의 찬양이 되어 하나님께 예물로 드릴 수 있다는 게 감사하였다.

성가대의 연습은 보통 예배를 마치고서 다음 주 곡을 연습하고, 한 주가 지나고 교회에 와서 지난주에 연습한 곡을 다시 연습하였는데, 적어도 예배 전후로 최소 30여 분 이상은 연습이 이루어져야 하는 듯했다. 각 파트별 준비를 하고, 4성부가 함께 목소리를 맞추어야 하기에 필요최소한의 시간이 그러하였다. 그러나 성가대 활동을 하신 지 오래되신 분들이 성가대에 임하시는 모습은 적잖이 당황스러웠다. 예배 후에 진행되는 연습은 잠깐 얼굴을 비추거나 생략을 하시고, 예배 전에는 예배 시작 5분 전에 나타나 성가대 가운만을 입고는 예배당으로 향하기 일쑤였다. 그러한 사이클은 그분들에게 이미 관성처럼 익숙해지고 당연한 일인 듯하였다. 역시나 예배시간에 울려 퍼지는 성가대의 찬양소리가 아름답게 다듬어진 하나의 목소리일 리가 없었다. 워낙에 연배 차이가 많이 나는 분들과 함께하는 것이었기에, 연습시간 준수에 대해 먼저 조심스럽게 지휘자님과 상의를 하였다. 지휘자님께서는 전혀 대수롭지 않게 여기셨기에, 성가대원 몇몇 분들과 말씀을 나누며 공론화를 시킬 생각을 갖고 있었다. 함께 고민해 주시고 바로잡을 수 있기를 바라시는 분들도 더러 있었지만, 가장 오랜 시간 동안 성가대에서 활동하신 권사님의 말씀으로 인해, 내가 더 이상 손 쓸 수 있는 일이 아니라는 생각이 들게 되었다.

"아이구, 내비 둬~ 그렇게라도 하나님 앞에 찬양 드린다고 나오는데 하나님께서 얼마나 이뻐하시겠어~."

순간 나는 망치로 머리 뒷부분을 맞은 듯 멍하여졌다.

그렇다. 하나님은 사랑이시다. 그런데 하나님이 사랑이시라고 하여 우리가 그 하나님 앞에 이런 식으로 나아가는 게 맞는 것일까.

교회를 다닌 지 1년 반 정도가 되어가기까지 사랑에 대하여는 많이 들은 듯하였다.
그런데 이렇게 사랑하는 게 옳은 것인가, 라는 의문에 작지만 선명한 무언가가 아지랑이처럼 내 안에서 피어오르기 시작했다.

'의… 공의….'

백지장처럼 모든 것을 새롭게 배우고 익힌다며 시작된 나의 신앙생활에서, 사랑하라는 말씀을 전부라 생각하며 걸어가던 나의 신앙생활,

교회생활에서 사랑은 의와 함께 가야 하며, 의는 사랑과 함께해야 한다는 것을 무질서함 속에서 피부로 깨닫는 시간이었다.

1년 동안 성가대 안에서 여러 노력이 있었음에도, 그분들의 태도는 변화가 없었다. 또한 그분들은 무언가 말씀을 하시려 들 때면, "내가 성가대 15년 차인데~"라는 접두어를 항상 붙이고 계셨다.

새벽에 오토바이를 타고 하는 녹즙 배송은 단순 반복의 작업이었다. 대전의 한 아파트 단지 배송을 마치고 다음 배송지로 이동하려면 대전에서 유명하던 홍등가를 지나가야 했다. 등교를 하기 전 마쳐야 하는 빠듯한 배송시간에 그곳을 지나지 않기 위해 10~20분을 돌아갈 수는 없는 일이었다. 여느 때처럼 아파트 단지 배송을 마치고 홍등가를 지나가는 중에, 홍등가에서 일하는 어느 아가씨가 나를 불러 세웠다. 술을 많이 마시는 일인지라 간에 좋은 녹즙이 있느냐며 내게 녹즙 배송을 요청해 왔고, 적절한 녹즙을 배송해 주기로 하였다. 한겨울에 오토바이를 타고 배송을 했기에 그 아가씨는 내가 눈비를 맞으며 녹즙을 가져다주는 모습을 윈도우를 통해 한 달간 지켜보며 녹즙을 받았다. 그리고 한 달 후 대금 결제를 위해 그 아가씨를 찾았을 때, 아가씨는 도망을 가고 해당 업소에서 더 이상 일을 하지 않는다는 이야기를 듣게 되었다. 한 달간 눈비를 맞는 내 모습을 지켜보았으면서도 그런 행동을 보일 수 있다는 게 신기하고 당황스러웠다. 하지만 순수하게 법학을 공부하고 있으면서도 세상 물정에 어리숙했던 나는 내가 가진 생각대로 차근차근 진행을 하려 하였다. 지금 생각해 보면 기본적인 법리에도 맞지 않는 것이었지만, 막연히 사용자 배상 책임이라는 법리를 떠올려 해당 업소 사장에게 녹즙 대금을 받으러 가기로 작정한 것이다.

학교 수업을 마치고 홍등가에 도착하여 업소를 찾아갔다. 한 달간 얼굴을 익혔던 아가씨들은 녹즙 배달원이 초저녁에 찾아왔다고 쑥덕거리며 이상한 눈빛으로 쳐다볼 뿐, 말을 거는 분들은 없었다. 몇몇 분들의 시선을 살펴보니, '너도 어쩔 수 없는 남자구나. 그럴 줄 알았다'는 눈빛임을 직감할 수 있었다. 괘념치 않고, 가게 입구에서 사장을 만나러 왔다는 말을 건넸다. 업소에서 일하던 여자분이 녹즙 대금을 주지 않았으니, 사장을 만나 받겠다는 말이었다. 사장이 잠시 나갔으니 기다리라 하기에 업소 앞에서 10여 분을 기다렸지만, 오늘 사장이 들어오지 않을 것이라는 짤막한 말만을 전해 왔다. 괜한 시간만 버린 것 같은 느낌이 들었지만 어쩔 도리가 없어 사장이 있을 때 녹즙 대금을 다시 받으러 오겠다는 말을 남긴 채 집으로 돌아왔다. 어서 잠자리에 들어 내일 새벽 배송을 준비해야 했기 때문이었다.

조금은 허탈한 마음으로, 다음 날 새벽 배송을 출발하고 여느 때처럼 홍등가를 지나고 있었다.

어디선가 젊은 아가씨의 목소리가 '알로에 아저씨~'를 부르는 소리가 들려왔다. 주변을 둘러보니 아무도 없었기에, 녹즙 배송을 하는 나를 알로에 아저씨로 부른 것 같아 그 아가씨 앞에 오토바이를 세웠다. 일렬로 윈도우에 서 있는 아가씨들 중에 한 명이 앞으로 나와 대화를 나누었다. 떼인 녹즙 대금을 받았는지, 선금을 드릴 테니 녹즙 배송을 해 줄 수 있는지 등을 물어 왔다. 윈도우에 서 있는 아가씨들 시선의 초점이 일제히 나만을 향하고 있었기에 마치 준비해 놓은 말을 한다는 듯, 그리고 여러 아가씨들을 대신하여 대표로 나서서 내게 말을 걸어오고 있다는 느낌이었다. 그러고 보니 어제 초저녁에 들렀을 때 나를 쳐다보던 눈빛들과는 많이도 달라진 시선을 알아챌 수 있었다. 내가 어떻게 생겼는지 궁금해하고 호기심이 가득 찬 눈빛들, 아마도 홍등가에 들렀으면서도 놀다 가지 않고, 녹즙 대금을 받으러 왔다가 그냥 돌아갔던 내 이야기가 퍼진 듯하였다. 시간이 흐른 뒤 알게 된 사실 중에 홍등가 아가씨들이 가장 싫어하는 사람들이 바로 다름 아닌 그들이 날마다 대하는 손님들이라는 것을 알 수 있었다. 낮에는 넥타이와 와이셔츠로 말끔하게 차려입고, 위선이라는 가면을 쓰고 지내다, 밤이 되면 썼던 가면을 벗고, 넥타이는 머리에 두른 채 돌변하는 이들. 아침이면 다시금 점잖을 뺀 모습으로 가면과 넥타이를 두르고 출근하는 그들. 매일 맞이하는 손님들이 정작 그녀들에겐 가장 싫은 사람들이라는 것이었다. 어둑해진 저녁에 홍등가에 들렀으면서도 업소를 이용하지 않고 돌아간 남자가 그들에게는 신기해보인 듯한 눈치였다.

선금 결제가 먼저 제시되어 예전 일에 대한 불안감은 해소할 수 있었다. 적절한 녹즙을 추천해 주며 서너 분의 판촉을 진행하고 그날 배송을 마칠 수 있었다. 이튿날부터 홍등가에 내가 나타날 무렵이면 분위기가 바뀌어 있었고 고정적인 시간에 배송을 하는지라, 대화를 나누었던 왕언니(대부분 그렇게 부르고 있었고 왕언니의 말에 모두가 일사분란하게 움직이고 있었다)가 백여 미터 앞에서부터 만세를 부르는 듯한 몸짓으로 팔을 흔들며 '알로에 아저씨! 알로에 아저씨!'를 노래처럼 부르고 반겨 주었다. 왕언니라는 호칭에서도 알 수 있듯이 세력이 있던 그분이 가게에서 녹즙을 음용하지 않는 아가씨들이 있으면, 몸에 좋다며 셀프 판촉을 해 주기도 하였다. 한 달에 두세 건의 판촉을 따오기도 힘든 것이 일반적인데, 한 달도 안 되어 홍등가에서 이삼십 건의 판촉을 받아오는 내게 녹즙 가게 사장님이 이상한 눈빛으로 보는 것을 느낄 수 있었다. 괜스레 긴 설명은 변명과 사족이 될 것 같아 딱히 이렇다 할 이야기는 하지 않았다.

한두 달여가 지나고 눈이 녹아갈 즈음 왕언니와도 친숙해져 있었다. 두꺼운 옷을 벗고 배달을 하던 어느 날, 여느 때처럼 왕언니가 윈도우 앞에 나와 녹즙을 건네받았다. 그날따라 왕언니가 내게 무언가 말을 건네고 싶은 눈치였다. 조심스러워 쭈뼛쭈뼛 망설이는 듯한 태도로 손에 들고 있던 녹즙을 가게 안에 들여놓고는 다시 가게 밖으로 나와 내게 무언가를 부탁하였다. 당시에는 핸드폰에 카메라 기능이 탑재되어 신제품이 나올 때면, 업그레이

드된 카메라 기능이 추가되던 시기였다. 하지만 핸드폰을 바꾼 것도 아닌데 왕언니는 나에게 함께 사진을 찍어도 되겠냐고 말을 건넸고, 갑작스런 사진 촬영에 어색함도 있었지만 나는 흔쾌히 대답하고 사진 찍을 준비를 하였다. 사진을 찍어 줄 분이 왕언니 핸드폰을 건네받고, 카메라를 작동시키는 동안, 아직 눈발이 날리는 도로 위에 멀뚱히 서 있는 내 옆에 왕언니가 다가와 어깨동무를 하였다. 사진 촬영 제안보다도 인상 깊게 여겨졌던 것은 내 오른쪽 어깨에 조심스레 살포시 올리던 손이 너무나 수줍은 듯 떨고 있다는 사실이었다. 여러 남자들을 대해 보았을 왕언니가 녹즙 배달원인 나와 사진 한 장 찍는 게 그렇게 수줍고 떨리는 일인지 의문이 들었지만, 왕언니는 좋아하며 사진을 잘 간직하겠다는 말을 건네주었다. 사진이 잘 찍혔는지 핸드폰을 바라보고 있는 왕언니에게 내가 조심스레 이름을 물어 보았다.

"ㅇㅇㅇ예요~."

나는 가게에서 쓰이는 이름이 본래 이름이 아닐 것이라 생각되었기에, 다시 한번 이름을 물어보았다. 그것이 그녀를 홍등가에서 일하는 왕언니로서 대하는 것이 아닌, 평범한 사람으로 대하는 최대한의 예의라고 생각했기 때문이었다.

재차 이름을 물어본 나의 질문에 왕언니는 대답하지 않고 미소를 머금은 채 조용히 가게로 사라졌다.

내가 생각지 못했던 영역에 있던 분들과의 만남. 차가운 새벽 공기를 맞으며 힘들게 일하는 나를 멀리서 노래를 부르며 반겨 주고 판촉과 수금까지 앞장서서 도맡아 해 주었던 왕언니. 간단한 사진 촬영에 수줍음이 묻어 나오던 떨리던 손길… 새벽에 배송하는 내내 마태복음 21장의 예수님께서 하신 말씀이 떠오르는 시간이었다.

누명

　내가 전역할 즈음, 어머니는 새로이 만나시는 분이 계셨다. 아버지께서 돌아가신 후 홀로 적적하게 보내시던 어머니에게 잘된 일인 것 같아 축하하며 응원해 드렸지만, 어머니의 의중은 내가 생각한 바와 다르셨다. 괜한 일들로 어머니와의 마찰이 잦아지기 시작할 무렵, 어머니께서는 앞으로 있을 재혼생활에 내가 부담이 되시는 듯하였다. 사소한 것으로도 어머니와 마찰이 있던 어느 날, 그날은 첫째 누님과 어머니가 연기까지 하며 나를 눈치 없는 사람으로 몰아가고 계셨고, 어머니의 태도는 일관되었다. 같이 지내기가 너무 부담스러워 더 이상은 안 되겠다는 말만 되풀이하실 뿐이었다. 거드는 누님과 일관된 태도의 어머니는 내가 나가 주기를 바란다는 것만을 계속해서 드러낼 뿐이었다.

나는 그날 저녁 이불과 짐을 싸서 집을 나오게 되었다. 수중에 가지고 있던 삼십만 원으로 고시원에 자리를 잡고 학교생활과 새벽 아르바이트를 이어 갔다. 하나님께 구별하여 드리고자 한 선물인 사법시험 준비가 중단되어서는 안 된다는 생각에서였다.

고시원을 학교 근처로 두었기에 학교와 교회, 고시원이 각각 20분 정도 거리로 삼각형의 꼭짓점을 이루고 있었다. 덕분에 이따금씩 교회를 찾아가 하나님께 기도드리는 시간을 가질 수 있었다. 청년부 임원, 고등부 교사, 기도모임 인도자라는 내가 생각지 못했던 소중한 직분을 감당하며 바쁜 시간을 보낼 때였다. 어머니의 마음이 그러하시다면 어쨌든 현실을 받아들이고 나 스스로 일어서야 한다는 생각이었다.

교회 내 활동이 다양해지며 서로를 알아 가고 익숙해질 무렵, 나는 독특하고도 선명한 꿈을 꾸게 되었다. 꿈속에서 나는 당구대 앞에 있었는데, 내가 나의 왼손 엄지손가락을 잘라 당구대에 올려놓고 큐대로 그 잘린 엄지손가락을 치는 꿈이었다. 무슨 의미의 꿈인지 헤아리기 어려웠지만, 현실처럼 선명한 꿈이었기에 쉽사리 잊히지 않고 며칠을 고민하며 지내고 있었다.

어느 날, 모르는 번호의 전화가 걸려왔다. 담임목사님의 전화였다. 잠시 교회에 들러 당회장실로 와 줄 수 있겠냐는 갑작스런 목사님의 부름에 의아해하면서도 일단 찾아뵙기로 하고 교회로 향하였다.

　교회 사무실에 들러 목사님의 전화를 받고 왔다고 말씀드리자, 직원분의 안내를 받아 당회장실로 들어가 목사님과 단둘이 차를 마시며 대화를 시작하였다. 목사님께서는 준비해 놓으신 메모지를 책상 서랍에서 꺼내어 건네주시며 요즘 들어 장로님들과 관계가 좋지 않다는 말씀과 함께, 몇몇 장로님들을 비방하는 글을 교회 홈페이지에 게시해 달라는 부탁말씀을 하셨다. 목사님께서 미리 메모지에 적어 준 대로 게시를 하되, 게시자의 이름은 청년인 나의 이름으로 하여, 청년들은 이렇게 생각한다는 모양새의 교회 내 여론을 만들어 달라는 부탁이었다.

　그 자리에서 긍정 혹은 부정의 대답을 바라시는 분위기는 아니었지만, 어쩌면 담임목사님께서는 자신의 부탁이니 당연히 들어줄 것이라 생각하셨기에 시도하신 행동인 듯하였다. 가부에 대한 답변을 드리지 않은 채 어쨌든 목사님께서 건네주신 메모지를 가방에 넣고는 당회장실을 빠져나왔다.

　교회를 빠져나와 머릿속이 멍한 채로 그저 발길이 닿는 곳을 따라 걷기 시작하였다. 습관적으로 나는 캠퍼스까지 걸어와서 인적이 드문 숲길을 걷고 있었다. 예상치 못한 큰일이나 충격을 받으면 자신이 어떤 일을 겪고 있는 것인지 그 의미의 시작과 끝을 헤아림이 이루어지지 않은 채 그저 멍한 상태로만 있게 된다는 것을 경험할 수 있었다. 사실 내가 목사님의 부탁을 받아들일 것인지 아닌지는 내 머릿속에 고려의 대상조차 되지 않은 채 이미 결론이 나 있었다. '하나님을 섬기고 예수님을 따르는 교회라는 공동체 안에서 이런 부탁을 다른 성도분들이 아닌 담임목사님에게 받을 수도 있는 거구나' 하는 생각이 들었다. 어떻게 하여 내가 다니는 교회 공동체가 이 지경이 된 것인지에 대한 아련한 의문이 들었다. 집으로 돌아와 교회 내에서 일어나는 일들의 빙산의 일각 같은 메모지를 보며 지금의 갈등에 이르기까지 있었던 사실관계의 진위가 어떠한 것인지 알아야겠다는 생각이 들었다. 하지만 내가 하루 이틀 나선다고 금방 확인할 수 있는 일도 아니라는 것쯤은 알고 있었다. 언제쯤 목사님께 메모지를 그대로 돌려 드릴지 고민하다 교회 사무실 직원분을 통해 수일 내로 전해 드렸다. 법학을 공부하며 각종 사건사례의 판례들을 접해 보았기 때문인지, 목사님의 메모지는 앞뒤로 스캔을 하여 사진 파일로 보관하였다. 본인이 이끄는 교회 성도를 이토록 이용할 수 있는 분이시라면 혹시 모를 일에 대비해야겠다는 생각이 불현듯 들어서이기도 했다.

주일이 되어 교회로 향하는 발걸음은 많이도 무거웠다. 혹은 머릿속에 들어 차 있는 여러 가지 물음표들로 인해 걷고 있다는 의식을 하지 못한 채 교회로 향하고 있었는지도 모른다. 주일에 교회당에 앉아 예배를 드리며 목사님의 설교말씀을 듣기 위해 앉아 있는 나의 모습은 여느 때와 같이 별반 다르지 않았을지라도 교회의 분위기와 여러 정황에 대한 촉들은 예민해질 대로 예민해져 있는 상태였다.

혹여 교회 성도분들에게 상처가 될 수도 있을 것에 대한 어르신들의 배려 탓인지, 이미 오랜 시간 진행되어 온 교회 내 갈등은 어르신들끼리만 쉬쉬하며 교회 내 공론화의 단계로 접어들지는 않은 상황이었다. 집사님들과 안수집사님들과의 대화를 통해 교회에서 드러나지 않고 물밑에서 벌어지는 갈등 상황에 대해 조심스러운 접근을 해 가며 교회 중직자분들의 마음에 차 있는 응어리들을 확인해 갈 수 있었다.

가장 큰 문제로, 담임목사님의 설교 도용이 첫 번째 화두였다. 담임목사님은 지난 수년간 인터넷에서 유명한 목사님들의 설교 원문을 다운로드 받아 토씨조차 바꾸지 않고 자신의 설교인 마냥 예배시간에 그저 읽어 내려가는 행동을 서슴지 않고 있었다. 결코 짧은 시간이라 할 수 없는 지난 5년간 누적된 담임목사님의 그러한 행태가 있었고, 교회 중직자분들의 중재와 제재에도 일말의 태도 변화는커녕 시간이 흐를수록 교회 중직자분들과 대립각을 세워온 것이었다. 교회 중직자분들은 교회 전체 성도분들의 안녕과 신앙생활을 위해 타들어가는 가슴을 움켜잡고 담임목사님의 행동이 표면화되지 않도록 참아 오던 실정이었다.

계속되는 정신적 충격 속에서, 내가 교회를 다닌 2년여 간 예배와 설교시간을 통해 하나님께로부터 받은 은혜는 결코 변함이 없음을 스스로 되뇌었다. 그동안 쌓여온 증거 자료들을 접해갈수록, 대한예수교장로회 통합 측 교단인 장신대학교를 졸업하고 목회활동을 시작하신 담임목사님은 이제 하나님의 부르심이나 그 어떤 명예도 고려하지 않으시는 듯하였다. 몇몇 분들은 문제가 수면 위로 드러났을 때 성도분들이 겪게 될 상처들을 감수해서라도 조치를 취하기로 결정하고 적절하면서도 필요한 행동들을 준비하고 계셨다.

목사님의 설교 도용에 대한 문제와 혼란은, 앞으로 전개될 상황의 전초 정도에 지나지 않았다.

고등부 부장님이셨던 이○○ 안수집사님께서 공동 의회를 통하여 현재까지 지속되는 설교 도용 건에 대해 공론화를 시작하자, 담임목사님은 곧바로 이○○ 집사님을 명예훼손으로 고소를 하였다. 교회 내에는 목사님의 설교 도용을 별 문제 삼지 않는 부류의 분들도 계셨는데, 반면에 그러한 분들이 목사님이 성도를 고소한 사건에 대해서는 크게 격노하는 모습을 지켜볼 수 있었다. 각자의 신앙적, 사회적 가치관에 따라 교회가 분열되고 있었다.

점차 격앙되는 성도님들은 목회자 측 혹은 중직자 측에 자신들의 관점에 따라 속해져 편이 나뉘고 있었다. 더 이상 목사님을 교회의 담임목사로 인정할 수 없다며 목사님을 반대하시는 분들은 이해를 해도,

교회를 정상화하고자 노력하는 분들을 적대시하며 갈수록 교회가 시끄러워지는 것은 어찌된 일인지 의문스럽기도 하였다. 목사님이 어떠한 행동을 하던지 하나님의 종은 건드리면 안 된다는 태도, 담임목사님의 입장이면 무조건 지지한다는 태도들은 이해가 되지 않았다. 하지만 2017년 박근혜 전 대통령 탄핵 시국 당시 낱낱이 밝혀지는 사실관계 속에서도 무조건 박 전 대통령을 지지하는 분들이 있음을 볼 수 있었던 것처럼 목사님을 따르는 절대 지지층이 무리를 이루고 있었다. 반반으로 갈라진 교회는 무언가 오랜 기간 동안 쌓이고 쌓인 서로 간의 상처와 반목이 있다는 짐작과 우려가 계속되었다.

매 주일, 예배를 드리고자 교회를 찾아가면 입구에서부터 서로 간의 고성과 삿대질이 시작되었다. 교회에 처음 나오신 성도님들부터 부모님 손을 잡고 교회를 들어서는 어린아이들까지, 이제는 모두에게 좋지 않은 영향이 끼쳐지고 있다는 생각이 들었다. 더 이상은 교회의 분열이 심화되어서는 안 되겠다는 생각이 들었고 내가 할 수 있는 일이 무엇일지 생각해보았다. 그러고는 나만의 상처로 끝났으면 했던 목사님의 쪽지가 머릿속에 떠올랐다.

'목사님의 허물을 덮어 목사님이 돌아올 자리를 마련하기보다 이제는 목사님의 실체를 성도분들에게 알려야겠다.'

그래야 성도분들이 목사님에 대해 눈을 뜨고 실체를 알 수 있을 것이라는 생각에서였다. 실체를 알아야 스스로 판단을 하고 상황을 수습해 갈 것이라 생각이 들어서이기도 했다. 이른 저녁시간부터 계속되는 고민을 하다, 새벽이 되어서야 교회 홈페이지 게시판에 담임목사님의 메모지 스캔 사진을 올리고 겨우 잠자리에 들었다. 내가 올린 글과 첨부 파일로 인해 조회 수가 계속해서 올라갔지만, 한두 주가 지나도 교회 내 분위기는 내가 겪었던 일, 목사님이 교회의 청년을 이용하여 자신의 목적을 이루려 했다는 사실의 의미가 제대로 전달되지 않는 듯하였다. 상식적인 판단력을 가진 사람이라면 성도 한 분 한 분이 목회자의 이용 가치와 수단이 될 수 있다는 사실 자체가 교회의 그 어떤 성도분들이나 자신들이 그러한 대상이 될 수 있다는 의미임에도 그저 남의 일을 대하는 듯한 분위기는 적잖이 당황스러웠다. 내가 교회 홈페이지에 해당 사실을 밝힌 후에도, 교회의 정상화는커녕 소란스러움과 혼란이 점점 더 커져가는 분위기였다.

곳곳에서 삼삼오오 모여 하는 이야기들을 들어 보면, 그 이유를 어느 정도 짐작할 수 있었다. 주의 종은 잘못해도 인간이 건드릴 영역이 아니라 하나님께서 직접 벌하시는 것이라는 입장. 교회가 시끄러운 것이 짜증은 나지만 반대파가 우리 가족들, 즉 자신의 어머니 아버지(권사님과 집사님)를 건드리면 그때 자신도 발 벗고 교회 정상화에 나서겠다는 입장들이 들려왔다. 그분들에게 교회가 정상화되기 위해 자신들이 움직일 시작점은 교회 내에서 자신의 가족이 피해를 입는 시점이었다. 예배만은 흔들리지 않기를 바라시는 중직자 몇몇 분들이 도용된 설교문이 본래 설교되었던 서울의 각 교회에 도움을 요청하여 그쪽 교회의 목사님 설교가 타 교회에서 도용되고 있으니, 설교의 본거지인 그쪽에서 적절한 조치를 취해 줄 것을 요청드리기도 했다. 각 교회의 답변은 그저 허탈하기 짝이 없게 돌아왔다. 자신들이 다니는 교회의 목사님이 훌륭하여 그러한 것이니 어떠한 조치를 취하기가 어렵고 어쩔 수 없지 않겠냐는 입장들이었다.

언젠가부터 주일 예배시간에 단상에서 전해지는 목사님의 설교는 대부분 비슷한 방향을 가지고 있었다. 모세를 비판했던 미리암과 아론이 하나님께 벌을 받았다는 내용들이 주를 이루었다. 그래서 주의 종을 함부로 비판하거나 대적하면 안 된다는 내용의 설교였다. 나를 이용하여 자신의 목적을 취하려 했던 목사님이 단상에 서서 설교하는 모습, 하나님의 은혜를 받으라며 설교하고 찬양하는 모습을 바라보는 내내 나의 마음은 안정되지 못하였다. 그저 회개해야 할 죄인으로 바라보아야 할지, 그래도 하나님의 말씀을 전하고 있다는 권위를 입혀 바라보아야 할지… 나의 시선과 태도는 어떠해야 할지 어떻게 해야 올바른 것일지 방향을 잡아 가기가 어려웠다.

목사님이 건네준 쪽지를 인터넷에 공개하자 담임목사님이 나를 대하는 태도도 달라져 있었다. 담임목사님은 일반 성도분들과 내가 생각하는 이상의 의도를 가진 듯하였다. 어수선하던 주일이 지나고 평일이던 어느 날, 부목사님의 전화가 걸려왔고 학교 앞 카페에서 만나 뵈었다. 서로 간에 예의를 따지며 서론부터 대화를 시작할 입장은 아니었기에, 부목사님은 앞으로의 계획에 함께해 줄지 물어 왔다. 그 계획이란 것은 교회를 반으로 나누고, 반대파를 몰아낸 후 목회자들을 따르는 성도분들과 함께 교회를 이끌어 가겠다는 것이었다. 같이하지 않겠다는 나의 답변이 떨어지자마자 부목사님과 더 이상 나눌 이야기는 없었다.

교회당 건물은 몇 년 전 새롭게 건축되어 신관과 구관의 두 개 건물이 있었다. 신관에서는 모든 성도분들이 모여 예배를 드리고, 주일학교는 구관을 이용하고 있었으므로 예배를 마치고 비교적 사람이 많지 않은 구관에서 있을 때에는 그나마 불편한 분들과 마주칠 일이 적었다. 그래서인지 다른 청년들도 주로 구관에 함께 모여 있곤 하였다. 교회가 시끄러워도 동기나 청년부 선후배 간에는 평일에도 스스럼없이 함께 저녁식사를 할 수 있었다. 그러던 어느 날부터 나와 저녁 약속을 잡았던 청년들 하나둘씩 식사 약속에 자리하지 못할 것 같다는 일방적인 연락을 전해 왔다. 한두 주간을 지켜보니 의도적으로 나와 거리를 두려 한다는 것을 감지할 수 있었다. 그러고는 나를 교회로 인도하였던 D형의 전화 연락을 받았다. 교역자분들로부터 내가 S집단 측 사람이라는 이야기를 들었다고 말을 해 왔다.

"누가 그래요?"

"전도사님이 그러시더라."

"……."

허탈한 웃음만 나왔다. D형도 내가 S집단이 아니라는 것을 잘 알고 있기에 전화를 주신 것이었다. D형은 내가 교회로 인도되기까지 함께 나누었던 이야기, 나의 신앙관 등을 잘 알고 계셨기 때문이었다. 더구나 S집단 측 사람들이 신학생을 사칭하여 내게 접근을 하였을 때, D형과 의논을 하였고, 이후로도 기회가 되면 교회 내에 S집단이 유입되는 것을 어떻게 방지할 수 있을지 꾸준히 상의하는 시간을 함께 가졌었기에, D형은 일이 어떻게 돌아가는 것인지 의아해하며 전화를 한 것이었다.

그러고 보니 교회 청년부 인원들과 식사 약속이 잇달아 취소되고 조금씩 나를 멀리하는 태도의 이유를 알 수 있었다. D형은 청년부의 지인들에게 내가 S집단 측 인물이 결코 아니라는 항변을 비공식적으로 꾸준히 해 주었지만, 신대원을 준비하고 있는 D형의 말보다, 교역자분들의 말을 더 신뢰하는 듯하였다.

D형의 전화를 받은 후의 주일부터, 내가 교회에 도착하면 입구에서

처음 보는 얼굴의 사람들이 나에게 삿대질을 하면서 고성을 지르기 시작했다.

"○○○다! ○○○가 나타났다!"

2년간 교회 출석과 봉사활동을 열심히 하며, 대부분의 교우분들 얼굴을 익혀왔는데, 난생 처음 보는 분이 내가 출석하는 교회 입구에서 나를 S집단이라고 삿대질을 하고 있는 것이었다. 문득 부목사님이 말했던 계획이 떠올랐다.

'반대파를 몰아낸다.'

교역자 측은 반대파를 몰아내는 방법으로 내가 S집단이라는 누명을 씌우는 것을 택한 듯하였다. 그들은 나로부터 멀리 떨어져서 나에게 손가락질하고 고성을 지를 뿐, 나의 출입을 제지하거나 물리력을 사용하지는 못했다.

청년부에 출석해 온 지난 2년여의 시간 동안 실제로, S집단으로 의심이 되는 자들이 간혹 보이기도 했다. 외부에서 성경 공부를 함께하자는 제안을 한다든지, 교회 분위기를 살펴보고는 더 이상 교회에 출석하지 않는 자들도 있었다.

교회의 분열과 공작

chapter 03

교회에 줄소송이 시작되다

한편, 이번 일을 겪으며 내가 재학 중인 학교의 총장님이 내가 출석하는 교회의 장로님이시라는 것을 알 수 있었는데, 총장님도 담임목사님으로부터 고소를 당한 상태였다. 2~3개월이 지나자 정면 대결의 양상이 펼쳐지며 목회자 측으로부터 진행된 각종 고소 고발 건이 10여 건을 넘어서고 있었다. 소송이 일어나기 전에는 들어 보지도 못했던 죄목이 난무하고 있었다. 형법상 예배방해죄, 명예훼손죄 등의 죄목으로 담임목사님이 고소했던 소송 건들은 줄줄이 패소하고, 교회 내 공금횡령과 교회 화재보험금 등을 개인 계좌로 수령하여 유용한 것으로 인해 담임목사님이 유죄 판결을 받거나 벌금형을 받는 재판 결과가 속속들이 나오고 있었다.

담임목사님의 형사사건에 대한 유죄 판결이 확정되자, 교회 중직자분들은 우리 교회가 속한 노회와 총회의 정관, 각종 규칙 등에 근거하여 담임목회자에 대한 적당한 치리를 해 줄 것을 상급기관에 요청하였다. 그러나 노회와 총회 감찰반(사회에서 검찰의 역할을 하는 부서이다)은 어찌된 영문인지, 최대한 답변을 늦추며 시간 끌기를 하였다. 총회와 노회에 공문서를 보낸 지 수개월이 지나고 성도분들이 지칠 대로 지쳐 갈 즈음, 총회 감찰반에서 응답이 왔다. 교회를 방문하여 실사를 하겠다는 것이었다. 느지막이 교회를 찾은 대한예수교장로회총회 통합 측 교단 소속 감찰반은 한 장의 문서를 감찰 결과 및 향후 조치로 남기고 떠나갔다. 그 한 장에 적힌 내용으로는 '신속히 교회가 아름답게 세워져 가기를 바라며 담임목사는 교회의 정상화를 위해 노력할 것을 권고함'이라는 문구를 담고 있을 뿐 이외의 어떠한 조치도 이루어지지 않았다. 교회의 화재보험 만기환급금을 자신의 개인 계좌로 수령하여 횡령한 담임목사가 사회법으로부터 유죄 판결을 확정받았음에도, 그 목사가 속해 있는 교단, 노회, 총회에서는 아무런 조치도, 제지도, 역할도 하지 않았다. 논문과 노래 가사 등의 표절로 인한 문제점들을 신문과 뉴스에서 눈살을 찌푸리며 보게 되는 현시대에, 2,500여 명을 이끄는 한 교회의 담임목회자가 다른 유명 목사들의 설교를 도용하여 마치 자신의 설교인 양 예배시간에 그대로 읽기만 하는 행동이 총회와 총회 감찰반 측에서 보기엔 그다지 대수롭지 않은 일이라는 공식적 표명인 셈이었다. 교회 내 공금횡령에 대한 사법부의 유죄판결에 대해서도 그러하였다. 감찰반이라는 이름과 허울만 있을 뿐, 대한예수교장로회 통합교단의 내부에는 그 어떠한 치리적 시스템과 제도가 존재하지 않는다는 점도 알 수 있었다. 더욱 안타까웠던 것은 그들에게는 교회를 바로 세우고 정화해 갈 '의지'가 없다는 사실이었다.

 상급기관의 역할에 대한 기대가 모래성처럼 무너지자, 담임목사님의 형사판결로 인해 노회와 총회, 교단 측의 치리를 마지막 보루라 생각했던 많은 교인분들, 이제는 더 이상 담임목사님의 횡포를 보지 않을 것이라고 예상했던 교인분들은 망연자실해할 수밖에 없었다. 이제는 그 어떤 것들도 의지하지 않은 채, 오직 하나님께만 의지하고 기도하며 스스로 싸워 나가야겠다는 다짐을 하시는 분들이 하나둘씩 나타나고 있었다.

 교회가 갈수록 시끄러워져 가는 동안, 나는 사설 고시원을 떠나 학교 내 기숙사로 거처를 옮긴 상태였다. 일반 기숙사와는 달리 고시를 준비하는 학생들이 숙식과 공부를 병행하는 사법시험 반에서 지내게 되었다. 새벽에 일어나 녹즙 배달을 마치고, 학교 수업을 듣고, 기숙사로 돌아오는 길에 법원으로부터 발송된 증인 출석 명령서가 나를 기다리고 있었다. 보름 후 열릴 담임목사님과 총장님 간의 소송에 담임목사님께서 나를 증인으로 신청한 것이었다. 법리의 다툼과 판결 여부에 내가 어떠한 영향을 미칠 만하다고 생각되지 않았지만 재판 당일 출석하기로 정하고 학교생활을 이어갔다.

  하루를 쪼개어 일과 공부를 병행하며 여러 시달림을 겪었던 지난 학기 성적은 장학금을 타겠다던 목표와는 조금 멀었다. 학과 공부는 그렇다 할지라도 시험 준비를 통한 앞으로의 방향을 그려 보며 캠퍼스를 산책하고 마음을 다독이고 있을 때였다. 처음 보는 번호의 전화가 걸려왔다. 총장님 비서실이었다. 뜬금없이 나에게 전액 장학금을 전달하고 싶다는 말을 건네 왔다.

  "안녕하세요. 김원범 학생이시죠?"

  "네, 안녕하세요."

  "총장 비서실입니다. 저희 비서실에서 김원범 학생에게 이번 학기 전액 장학금을 드리고 싶어서 전화를 드렸는데요."

  나는 의아함을 감추지 못하고 전화를 주신 분에게 되물었다.

  "전액 장학금을 받을 만큼 성적이 안 되는데, 제가 왜 받아야 하죠?"

  "평소에 성실히 학교생활 하시는 김원범 학생에게 드리고 싶어서입니다."

'성실히, 열심히, 그리고 아르바이트를 하며 학교를 다니는 학생이 나뿐이던가?'

에둘러 예의를 갖출 대화가 아닌 듯하여 직접적으로 질문을 던졌다.

"총장님이 주시는 건가요, 비서실에서 주시는 건가요?"

"아…! 예… 비서실에서 드리는 겁니다."

어차피 총장님의 지시사항을 이행할 뿐인, 비서분들에게 논박을 할 만한 일이 아니라는 생각이 들어, 일단 알겠다는 말을 남기고 전화를 끊었다.

전화를 끊은 순간부터 내 머릿속에는 여러 가지 질문이 떠올랐다.

'왜 지금 이 시점에 돈이 투입되어야 하는가?'

'재판을 일주일 앞두고, 양쪽 당사자 중 일방에게 돈을 받는다?'

'어차피 이런 일이 있고 없고를 떠나서 나는 증인으로서 있는 그대로 진술할 터인데….'

깊이 있게 고민할 일은 아니었지만, 마음은 편치 않았다.

순리가 있고, 절차가 있는 것인데… 거짓 증거를 하지 말라는 분명한 하나님의 말씀, 하나님의 십계명이 있어 어차피 있는 그대로 진술될 것인데… 오해를 살 만한 이런 일을 굳이 시도해야 하셨나 싶었다.

그날 저녁, 독서실에서 손 편지를 적었다. 비서실의 제안을 공손히 사양하며 열심히 공부하여 떳떳하게, 우수한 성적으로 전액장학금을 받겠다는 내용의 편지를 만들었고, 다음 날 오전, 비서실에 직접 방문하여 여비서분에게 전달하였다. 책상에 앉아 있던 여비서분은 "듣던 대로군요"라는 말을 하며, 편지를 받았다.

전화를 주셨던 비서분은 남자분이셨는데 나의 손 편지를 받은 여비서분이 저런 말씀을 하신다는 건, 이런 일들까지 서로 공유한다는 것인가, 라는 의문을 남기며 비서실을 나왔다.

재판이 있었고, 방청석은 교회 분들로 가득 메워져 있었다. 원고, 피고인이 모두 얼마 전까지 존경과 흠모의 대상으로 바라보던 분들이었다. 양쪽에 두 당사자를 대면하여 얼굴을 바라보고 증인 서서를 하였다. 담임목사님은 사실과 다른 주장을 펼치고 계셨다. 내가 전화를 걸어 목사님을 찾아뵙자고 하였다는 거짓 증언을 시작으로 꾸며낸 이야기를 주장하고 있었다. 교회가 소란스럽고 장로님들이 잘못된 언행들을 이어가니 청년들을 대표하여 교회 홈페이지에 글을 올릴 작정이라며 적당한 글을 적어 달라는 나의 부탁을 받고 어쩔 수 없는 행동이었다는 주장이었다. 담임목사님은 집요하게도 김원범 청년의 구구절절한 요청에 못 이겨 메모지에 장로님들을 비방하는 글을 적어준 것이라는 말을 계속 이어갔다. 엄정한 법의 판결이 기다리고 있는 소송을 시작하고 보니 어떻게 해서든 법적인 책임을 회피할 수 있는 모든 방법을 동원하는 듯하였다. 증언은 사실대로 진행되었지만, 사실 법정에 선다는 것도, 증인으로서 증인석에 선다는 것도 내겐 그다지 중요하지 않았던 듯하다. 내가 그 자리에서 확인하고 싶었던 것은 담임목사님의 마음의 중심이었다.

자신이 목회하는 교회에서 궁지에 몰리고 어쩔 수 없이 한 청년을 이용하여, 교회 내 싸움에 승기를 잡고 싶었다 이해할지라도, 이렇게까지 모든 게 밝혀진 이상 진실을 외면하지는 않을 것이라고 소망했던 나의 마지막 바람은 처참히 부서졌다. 어떻게 해서든지 혹여 그 방법이 나를 거짓말쟁이나 거짓 증인으로 몰아세우는 것일지라도, 자신의 안위를 위해서라면, 작금의 처한 상황에서 벗어날 수 있다면, 충분히 그렇게 하겠다는 그 마음의 중심을 본 것이다.

10여 분간의 그리 길지 않았던 증인 신문을 마칠 때까지 검사의 질문에 기계적인 대답을 하며 목사님을 바라보다 공판장을 서둘러 나왔다.

 가을이 다가오고 있었다. 서늘한 바람이 불고, 높아지는 하늘이 눈에 들어오고 있었다.

 목사님은 어떠한 삶을 살아온 것인지 생각해 보다 문득 나 자신에 대한 질문을 던졌다.
 내가 왜 이런 일을 겪는 것인지. 어머니에게 버림받고, 첫 출석을 한 교회의 담임목사님에게 버림을 받고, 기대로 부풀어 입학한 미션스쿨의 총장님에게 엉뚱한 돈을 제안받고… 내가 왜 이렇게 버려지면서까지 교회를 위해야 되는지 의문도 들었다.

 몸도 마음도 지쳤던 이유인지, 그동안 교회를 지키겠다던 의지는 교회를 떠나는 게 나을지에 대한 고민으로 바뀌어 있었다. 지금 가고 있는 길이 맞는지, 내 고집으로 아둥바둥하고 있는 것은 아닌지 내가 교회에 첫발을 내딛던 처음으로 돌아가 생각해 보았다. 그러고는 법정에 선다고 긴장했던 게 풀린 탓에 그대로 잠이 들었다.

 꿈속에서의 분위기는 많이도 어두웠다. 병사들처럼 보이는 패잔병들은 팔과 다리, 머리에 붕대를 감은 채, 전의를 상실한 눈빛과 기운으로 잔뜩 움츠러들어 있었다. 그들의 시선과 초점은 이미 그 무언가를 응시하는 것이 아닌, 눈은 떴으되, 아무것도 바라보지 않는 절망의 눈빛들이었다.

꿈에서 깨어난 나는 나의 마음을 잘 아시는 하나님께서 나의 고민 또한 잘 알고 계신다는 생각이 들었다. 교회를 떠날지 말지에 대한 갈림길에 서 있는 내가, 지금의 힘겨움만을 보고 교회를 떠난다면 어떠한 결과가 될지 보여 주신 것이라 생각되었다. 교회가 시끄러운 내내 요즘 들어 꿈을 꾸지 않는 것 같다고 느낄 즈음, 내가 지칠 만한 시기에, 중요한 갈림길 앞에서 하나님께서는 진정 그런 결과를 선택할 것이냐고 물으시는 듯했다. 그러나 강요는 아니었다. 선택은 내가 하는 것이고, 내게 달려 있는 것이었다.

안식의 질서를 경험하다

　전날 꾼 꿈을 통해, 하나님께서는 나의 생각을 아시고, 마음 깊은 곳도 훤히 알고 계신다는 것을 피부로 경험할 수 있었다. 아무래도 교회를 옮기거나, 현재 출석하는 교회를 떠나는 것은 보류해야겠다는 생각이 들었다. 낯선 얼굴의 사람들이 교회에 늘어나고, 그들이 교회를 더욱 시끄럽게 만드는 와중에, 내가 지금 교회를 떠난다면 그들에게 교회를 넘기는 것과 다름없다는 생각이 들었다.

　달라진 건 없으니, 그날도 평소 하던 대로 성경을 읽고 숲이 우거진 캠퍼스를 산책하고 있었다. 성경말씀 중, 제단을 쌓을 때 정을 대지 않은 돌로 쌓으라 하신 말씀을 묵상하고 있었다. 정을 대지 않는다는 것은 인간의 이기적인 마음이나 기교적인 것들이 포함되지 않은 순수 그 자체로 생각되었다. 그리고 하나님의 말씀을 읽고 그 말씀의 의미에 다가갈 때에도, 인간의 욕망이나 합리화가 섞인 해석이나 왜곡이 아니라 하나님의 말씀 그대로 순결하게 받들어야 하겠다는 생각을 곱씹고 있었다.

평소에 의문이 많았던 '안식'의 질서에 대해 연결지어 생각해보았다. 성경을 읽다 보면, 하나님께서 주신 계명 중에, 특별히 말씀하신 무언가를 지키지 않는 자들은 죽이라고까지 하시는 부분이 있는데 '안식일을 지키는 것'이 그중에 하나였다. 현대의 거의 대부분의 한국교회들은 안식일에 안식일답게 보내지 않는 상태인데, 십계명이 수정되거나 조금도 바뀌지 않았음에도, 어떠한 과정을 거쳐 '안식일'에서 '주일'로 바뀌게 된 것인지도 궁금했다. 어찌된 영문인지 차근차근 알아보기로 하였다.

지난 몇 년간 담임목사님의 짜깁기되어 전략적으로 이용된 설교를 들어오는 동안 나의 신앙관과 신학적 지식이 세뇌되고 혼잡해져 있음을 부인할 수 없었다. 가장 순수하고 순결하게 마음 깊은 곳에서 하나님을 만날 공간에, 담임목사의 이기적이고 욕망이 투영된 설교들, 감동받으며 마음에 담았던 설교가 내 마음 곳곳에 씨 뿌려져 있었던 것이다. 어디서부터 새롭게 시작해야 할지 갈피를 잡기 어려웠다. 평소에 '없으면 만든다'는 성향을 가지고 있던 나는 성경을 창세기부터 새롭게 읽어나가기로 했다. 그럴수록 안식일에 안식하는 것은 여전히 머릿속에 각인되었고, 하나님께서도 여러 번 강조해서 말씀하시는 것을 읽을 수 있었다.

하나님께서 이토록 강조하셨고, 예수님께서도 지켜 행하신 것이라면 나도 실행해야겠다는 생각이 들었다. '일곱째 날에는 아무 일도 하지 말고 안식하라'는 말씀에 비추어 일요일에는 일단 모든 일정을 비우고, 안식일을 지키기로 결정했다. 성경을 문자 그대로 지키려 하는 근본주의론자나 보수신학론자 되려 하는 것은 아니었지만, 성경 어디에서도 수정되거나 변경되지 않은 만큼, 나도 일곱째 날에 충분히 안식하기로 마음먹었던 것이다. 구약에서 하나님의 계명을 살펴보면, 말씀은 준엄한 명령형으로 하셨지만 마치 부모가 자식을 위하는 마음처럼 그 계명을 통해 하나님의 자녀들이 어떻게 살았으면 하는 바람이 배어 있는 것을 느낄 수 있었다. 하나님께서는 내가 안식일을 지키는 것을 통해서 무엇을 바라셨을지, 내 삶이 어떠하길 바라셨는지 알기는 어려웠지만, 일단 지켜 행하기로 하였다. 당시 사법시험을 준비하던 나는 몇 시간이라도, 특히나 일요일에는 평일보다 더 많은 공부시간을 갖는 게 일반적인 상식이었지만, 분명 하나님께서 말씀하신 바를 예외 없이 지키고 싶었다.

약속을 잡지 않고, 일정을 비우고, 계획을 세우지 않고… 잠을 자든,

기숙사 밖 의자에 앉아 햇볕을 쬐든… 나의 하루를 비우고, 또 비운 채로 보내기 시작하였다. 첫 1, 2주간은 스스로 낯설고 어색하여 뭐라도 하는 게 좋을지 고민들이 계속되었다. 컴퓨터의 부팅 속도가 느리기만 해도 답답함을 갖던 삶의 템포에서 모든 활동을 내려놓고, 모든 생각을 비우고, 시간의 흐름 그대로 둔다는 것은 무척이나 힘든 일이었다. 결정하고 행동하였음에도, 여전히 나의 의식과 습관은 내 안에서 꿈틀대며, '일곱째 날은 쉬겠다'라는 이미 결정된 사안과 충돌하고 있었다.

1달이 지나며 서너 번의 안식일을 온전히 비우고 쉬는 시간으로 보내는 것은 어색하고 낯설긴 해도, 일주일의 하루를 그렇게 보내는 것이 나쁘지 않다는 정도의 느낌을 가질 수 있었다. 어느 책에선가 보았던 임종을 앞둔 사람들이 하고 싶어 하는 목록에 '여유롭게 앉아서 햇볕을 쬐기'가 있다는 사실도 나의 선택을 지지하는 듯했다.

두세 달이 지나며 신체적 활동의 최소화뿐 아니라 나의 마음상태도 그 어떤 의지를 내려놓고 내 마음의 맨살을 느끼며 지낼 수 있었다. 이미 마음 깊은 곳에서 '아무 일도 하지 말고 쉬어라'는 말씀을 100프로 지키고 싶었고 하나님의 말씀에 대한 신뢰가 있었기에 그래도 된다고 생각했다. 그럼에도 신기한 것은 20여 년 넘게 살아오며 배어 온 나의 습관 때문인지, '잘' 쉬겠다는 의지와 노력이 작용하고 있었다는 것이었다. 잘 쉬는 것은 쉬는 것을 잘하려고 노력하며 애쓰는 것이 아니라는 것을 깨달았다. 마치 수영 초보가 수영을 잘해 보려고 힘써 팔다리를 움직이면 몸만 가라앉는 것처럼 쉬는 것을 잘해 보겠다고 노력하는 모양새였던 것이다. 몸에 힘을 빼면 몸이 자연스레 물에 뜨는 것처럼. 안식이란 그러하였다. 이 우주 공간에, 시간의 흐름 속에서 있는 그대로의 나로서 그저 존재하면 되는 것인데 말이다.

 한 주, 두 주가 흐를수록 일곱째 날을 하나님의 말씀대로 안식일로서 지내는 것은 점점 더 익숙해져 가고 있었다. 그리고 두 가지 커다란 변화가 있었다. 한 가지는 의지적인 마음의 겉옷들을 벗어 내니 내 마음의 맨살을 느낄 수 있게 되어, 안식 없이 지내는 동안 의지적, 이성적으로 꽁꽁 묶어 두었던 마음속에서 내가 가졌던 마음의 상처와 나를 생채기 나게 했던 여러 감정들을 만날 수 있었다는 것이고, 다른 한 가지는 하루를 온전히 비웠던 만큼 새로운 시작이 있을 일요일 해가 저물 무렵이면 이제 앞으로 6일간 채울 것도, 채울 곳도 많아졌다는 것이었다.

 일곱째 날이 되어, 실내보다 햇빛과 공기를 맞이할 수 있는 야외 벤치에 앉아 흐르는 시간을 느끼며 아무것도 하지 않고 있을 때면 그동안 내 마음 한편에 자리했던 여러 마음들이 수면 위로 올라왔다. 용기란 이름으로, 감내하겠다는 다짐으로 그동안 여러 겉옷을 입었던 그 꺼풀들을 내려놓으니 상했던 마음들, 아팠던 마음들, 그 솔직한 내 마음의 속살이 맨살을 드러낸 것이었다. 정체를 알 수 없이 다가오는 무언가에 이름을 붙이기 시작하면 그 실체에 더 가깝게 갈 수 있다는 김두식 교수님의 말씀처럼, 나의 마음을 무겁게 하던 진실들을 인정하니 마음도 한결 편안해져 갔다.

그리고 아무것도 하지 않고 보내는 시간을 마칠 일요일 저녁 무렵이면 이제 6일간 무엇이든 할 수 있다는 가능성에 다시 연결되는 것을 느꼈다. 무언가를 하고 있을 때는 다른 것은 하지 못한다는 말이 있는데, 가령 판사가 되면 동시에 검사를 할 수가 없고, 그림을 그리고 있을 때면 자전거를 탈 수 없다는 말이다. 아무것도 손에 잡지 않고, 아무것도 하지 않는 공백에선 이제 활동을 시작하면 무엇이든 잡을 수 있고, 무엇이든 할 수 있겠다는 신기한 가능성에 연결되는 듯하였다. Something을 하고 있으면, Anything을 할 수 없다는 원리, Nothing의 상태에 있기에, Everything 중에서 선택하여 시작할 수 있는 원리를 경험할 수 있었다.

이렇듯 하나님의 말씀을 순종하기에 갖는 쉼은 나의 마음과 육체, 영혼에 많은 유익을 주었다. 무엇보다 하나님의 말씀을 따라 손에 쥐었던 것을 내려놓을 수도 있고, 끝까지 붙잡을 수도 있는 훈련을 한 것 같았다. 속도에 함몰되어 가던 삶에서, 스스로 여유를 부여할 수 있는 삶으로 바뀌어 가고 있었다. 한때 한국 기독교에서 유행했던 '속도보다 방향이라는 문구가 있는데, 안식일을 안식일답게 보내며 충분히 방향 설정을 잘 했다면, '이제 속도를 내도 되겠다'라는 인식도 생겨나기 시작했다.

 이후로도 하나님의 말씀을 따라 안식의 질서를 누리며, 안식일이 주일로 바뀐 배경에 대해 알게 되었는데, 개인적, 객관적 관점에서 인정할 수도, 인정하기도 어려웠다. 진정한 쉼을 통해 많은 유익을 얻고 하나님의 은혜를 입는 것이 안식일의 질서임에도 한국교회에서 지키는 주일의 실제는 '안식'의 실제와 의미는 존재하지 않았다. 실제로 지난 몇 년간을 뒤돌아보니, 주일은 빼곡한 일정들로 가득 채워졌었고, 월요일은 늘 피곤하였음을 깨달았다. 이러한 월요병을 느끼는 사람은 나뿐만이 아니었다. 안식일에는 안식하라 하시는 하나님의 말씀은 조금도 수정되거나 변경되지 않았음에도. 물론 사회의 다양한 생활 양식으로 인해 각 개인의 일곱째 날은 각자 다를 수 있을지라도, 안식이라는 섭리 안에 담겨 있는 하나님의 창조 질서와 보물 같은 여러 은혜들이 간과되고 있는 실정인 것이다.

금식기도를 드리다

 안식을 통해 머릿속이 조금 가벼워진 나는, 이제 교회를 위하여 할 수 있는 것이 무엇이 있을지 고민해 보았다. 주말을 이용하여 하루 정도 금식기도를 한 적은 있었지만, 그 이상의 기간 동안 금식을 한 적은 없던 나였다. 새벽에 일어나 일을 하고, 학교 수업과 공부를 병행하며 하루를 빼곡한 일정으로 채워 가던 일정에 어설프게 금식기도를 시작한다는 것은 하루 일과도, 하나님 앞에서의 기도도 흔들릴 수 있다는 생각이 들었던 듯하다. 금식기도의 취지와 진정한 의미는 그렇지 않지만 그때 당시 개인적인 생각으로, 금식기도라는 것이 하나님 앞에서 하나님을 협박하는 것처럼 느껴졌던 탓이기도 했다. '기도 안 들어 주시면 밥 안 먹을 겁니다'라고 항의하는 것처럼 하나님과의 인격적 대화인 '기도'가 내 뜻을 이루고자 하나님을 마음 아프시게 하는 것은 아닌지 조심스러웠다. 지인이 병환으로 식음을 전폐하는 모습을 볼 때도 마음이 아픈데, 자식이 배를 곯아가는 모습을 볼 때 하나님의 마음은 어떠실지 떠올려 본 듯하다. 하지만 40일 금식까지도 하시는 분들의 자세와 하나님 앞에서의 공손함을 생각하며 3일 금식기도를 드리기로 정하였다. 금식기도를 하는 3일간 얼굴이 하얗게 되어 새벽 아르바이트를 나갈 때면 사장이 무슨 일이 있는 거냐며 물어 오기도 했지만, 내가 할 수 있는 마지막 전투라고 생각되었다. 처음에는 무엇을 기도 드릴지 막막하기도 하였지만, 하나님 앞에 엎드릴수록 그동안 상처받으셨을 교인분들, 목회자의 사욕을 뒷받침하는 설교들로 양식을 제때 먹지 못하고 목회자의 개인적인 철학에 세뇌되었을 교인분들도 떠올랐다. 기도의 막바지에 이르러서는 '살려 달라'는 기도로 바뀌어 있었다. 교회를 살려 주시기를, 회복시켜 주시기를 바란다는 기도였다.

•교회의 분열과 공작

　주중에 금식기도를 마치고 주일에 교회를 가니 소란스러움과 분열이 극에 달해 있었다. 목사님을 옹호하는 소위 목사님파와 교회를 지키겠다는 중직자분들이 서로 엉키어 멱살을 잡기도 하고, 보이지 않는 곳에서 폭행이 있었다는 소문이 들리기도 하였다. 거룩히 구별되어 하나님께 드려질 예배의 처소로서 의미는 상실한 지 오래되었고, 고성과 삿대질은 예삿일이 되어 버린 아수라장이었다. 그럼에도 여느 때와 같이 온화한 미소를 띠고 예복을 갖추어 입은 채 단상에 올라 예배를 주관하는 담임목사님의 모습은 한결같았다. 교회가 소란해지기 전, 평소 '영적으로 무언가를 해야 한다', '영권이 강해야 한다', '방언기도를 해야 한다'는 등의 이야기를 자주 하던 'ㅇㅇ'라는 단체에 속해 있던 권사님

포함 구성원들은 작금의 사태에 대해 일말의 의견 표명도, 역할도 없었다.

　어느 때부터인가 내가 교회에 도착하면, 나를 따라붙는 사람 몇이 있었는데, 모두 처음 보는 얼굴들이었다. 2년 동안 한 주도 빠짐없이 교회를 출석하며 여러 행사에 참여했던 나에게 낯선 얼굴이라는 것은 우리 교회를 출석한 지 한 달도 되지 않았다는 것을 의미했다. 그들은 내가 교회당에 입장할 때, 멀리서 손가락으로 나를 가리키며 "○○○다! ○○○! ○○○가 나타났다!"라며 소리를 질렀고, 예배당에서 예배 시간에 찬양을 드릴 때면, 나의 바로 뒤에 서서 내 목소리의 두세 배가 되는 큰 목소리로 노래를 불러 나에게 압박감을 주는 행동을 보이기도 했다.

　언제쯤 끝이 날지 예상하기 어렵고, 분열의 심화가 교착 상태에 이르러 서로 으르렁거리는 모습만이 연출되고 있었다. 많은 교리와 좋은 덕목을 배워왔지만, 응어리진 말들과 폭력이 난무하는 상황 속에서 막상 당사자가 되었을 때는 상대편에서 하는 것들에 반응하며 교회 밖에서 볼 수 있는 일반적인 대응들이 나오는 듯하였다. 매 주일 당황스럽고 위태로운 상황이 벌어지는 것을 대할 때면, 여러 질문들과 생각이 떠올랐다. 일제강점기에 독립선언서를 작성하고 일본의 만행과 폭력에 대항하던 그 많은 크리스천분들은 어떠한 마음이셨을지. 대화보다

칼과 총이 앞섰던 그들 앞에서 어떠한 태도가 올바른 것이라 생각했을지… 그래서 결국 지금 내가 취할 올바른 저항의 태도는 무엇인지. 미국의 대통령 에이브러햄 링컨은 신실한 크리스천으로서 어떠한 근거로 총을 잡고 전쟁을 시작한 것인지… 이러한 질문의 답을 생각해 보기 전에, 목사님을 옹호하는 자들은, 예전과 다른 새롭고 황당한 방법으로 나와 교회 중직자분들을 공격해 왔다. 그들은 나와 교회 중직자들이 S집단 측 사람들이어서 담임목사를 폄훼하고 훼방하여 교역자들을 쫓아내고 교회를 삼키려 하고 있다는 주장을 펼치기 시작하였다. S집단이라는 누명을 씌워 몇몇 사람들을 고립시킨 다음 그 누명을 씌웠던 사람들을 교회에서 내보내려는 것이었다. 누구나 상식적으로 보아도 교회에 해를 끼치고, 사법적 판결까지 받은 당사자들은 목회자 측이었음에도 막무가내로 우기는 것을 추진해 나가는 게 그들의 전략 중 한 가지인 듯하였다.

황당한 일들과 소식을 접하는 게 일상이 되어, 이제는 말도 꺼내기 귀찮을 즈음, 오랜만에 D형의 연락을 받고 만나 뵈었다. 나는 부목사님의 제안을 거절한 후로, 교역자들과는 일말의 교류도 없었기에 D형과의 만남을 통해 목회자들의 동정과 소식을 전해 들을 수 있었고, 내가 몰랐던 교회 안팎의 소식도 들려왔다. D형과 오랜만에 담소와 차를 나누고 집으로 돌아오는 버스 안에서 형이 들려준 이야기들을 떠올려 보았다. 퍼즐처럼 보이는 두 가지 이야기가 머릿속에서 맴돌았다.

교회에 소위 'S집단 소속 명단'이라는 게 여전히 돌고 있는데 내가 그 명단에 올라가 있다는 것이었다. D형은 나를 교회로 인도하고, 내가 교회에서 신앙의 첫걸음을 내딛어 가던 모습을 모두 지켜봐 온 분이셨다. 신학생을 사칭하며 S집단 측 사람들이 내게 접근하는 일을 겪었을 때에도 함께 상의하며 대책을 논의했었기에 내가 S집단 측 인물이 아닌 것을 알고 계신 바탕에서 서슴없이 말씀을 해 주셨다. 교회 중직자 중에서 여러 명과 내가 포함되어 있는데, 청년부 인원으로는 A양과 나를 포함한 두 명이 명단에 올라 있다고 전해 왔다. 음해와 비방이 난무하는 시기에 명단의 신빙성과 권위, 진실성을 체크해 보아야 했기에 D형에게 출처를 물었다.

"출처가 어디에요? 전도사님이 가져오신 거예요?"

"아니, 담임목사님으로부터 나온 거래… 원범아."

한편, 나와 함께 S집단 명단에 올랐다는 청년 A양은 S집단 측 사람인 것 같다는 의심이 어느 정도 들던 인물이었다. 대략 1년 정도 청년부에 출석하며 외부의 별도 장소에서 성경 공부를 해 보자고 꾸준히 지인들에게 권유를 해 오며 여러 의문들을 증폭시켰기 때문이었다. 그러던 A양이 며칠 전 교회를 떠나며 자신이 S집단 측 소속이었음을 D형에게 스스로 밝혔다는 것을 들을 수 있었다.

"A는 S집단 소속이 맞았어, 원범아."

"증거라도 나왔어요?"

"아니, A가 이제 교회 떠난다고 연락 와서 만났었는데 A가 직접 자기가 S집단이라고 밝히더라."

"A는 의심을 넘어설 정도로 이상한 행동을 많이 했죠. 이제 많이 노출된 인물들은 철수하는 건가요…?"

끝을 알기 어려운 상황에 대해 서로는 대답을 하지 않았다.

무언가 많은 일들이 내가 잠들어 있는 사이에, 내가 모르는 사이에 지속해서 꾸며지고 있다는 느낌만을 받았다. 구체적인 모습이나 정황들은 드러나지 않은 듯하였다.

S집단 소속 명단의 출처는 전도사님이 아니라, 담임목사님이라는 사실. 그리고 A양과 내가 그 명부에 올라가 있다는 두 가지 사실만이 머릿속에 덩그러니 남아 있었다.

수개월의 시간 동안 뒤죽박죽이 된 것 같은 싸움터에서 당황스러운 일들이 연속되고, 객관적으로 인식된 사실들만으로도 벅찬 시간들이었다. 그러한 일련의 일들을 수동적으로만 받아들일 수는 없었다. 아니 싫었다. 거짓과 음해의 시간 속에서 저들이 만들어 가는 여러 공작에 휩쓸리기는 싫었다.

 하지만 여러 관점과 다양한 각도에서 고민을 거듭해도 생각이 정리되지는 않았다. 복잡했던 머릿속 생각들을 그저 그대로 두고, 예수님을 구체적으로 알아 가기 시작할 무렵부터 익숙해진 역지사지라는 방식으로 시선을 바꾸어 보기로 하였다.

 '목사님은 어떻게 S집단 소속 명단이라는 것을 입수할 수 있었을까…'

 '어떻게…'

 알 수 없는 일이었다.

 그래서 이번엔 다시 한번 거꾸로 생각해 보기로 하였다.

 'A양과 내가 S집단 명단에 올라가 있었다….'

 '분명히 S집단 인물인 자와 분명히 S집단 인물이 아닌 자가 그 명단

에 올라가 있었다⋯.'

 그렇다면 담임목사님이 입수했다는 명단의 목적은, 이미 노출된 S집단 측 인물을 철수시키고, 새로운 S집단 인물이 투입되는 작업에 방해가 되는 인물을 없애고자 S집단 측에서 의도적으로 만든 것이 분명했다. 그리고 S집단 측에서 그러한 의도로 '맞춤 제작'한 명단을 담임목사님께서 입수하여 교회에 유입 배포한 것이라면, 전도사님이나 다른 교역자가 아닌 담임목사님께서 S집단과 직접 연결되어 있다는 의미이기도 했다.

 그제야 흩어져 있는 퍼즐 같던 일들이 맞추어져 갔다. 교회에 갑작스레 생소한 얼굴들이 많이 나타나 목에 핏대를 세웠던 일. 내가 알지도 못하는 중년의 여성분이 나를 향해 삿대질을 하며 S집단이 나타났다고 외쳐댔던 일. 그 중년 여성분을 포함한 무리가 예배를 방해하며 소란을 피웠던 일⋯.

 '결국 싸움에서 이기기 위해, S집단까지도 이용한 것이었던가⋯.'

 D형과의 대화는 유익했었다. D형과의 대화 속에서 알게 된 단서들은 목회자 측에서 어떠한 방식과 계획으로 교회를 차지하려 하는지 그 앞뒤를 알게 해 주었다. 또한 담임목사님은 나를 이용하여 교회 중직

자분들과의 싸움에서 승기를 잡거나 혹은 나를 S집단으로 몰아세워 무언가를 시도하려 했지만, 오히려 담임목사님의 그러한 수 싸움이 스스로 자신이 S집단과 연결되어 있음을 증명하며 나락으로 떨어뜨렸다.

 수일 후 생각을 정리하고 다듬어 교회 홈페이지에 담임목사님께 보내는 편지글을 게시하였다.

 담임목사님뿐만이 아니라, 교역자 측 어느 누구도 나의 공개편지에 대한 답변은 없었다. 그들의 침묵의 의미는 스스로 자신들이 S집단과 연결되어 있다는 것을 인정하는 셈이었다. 중학생 정도의 사고 수준이라면 상식선에서 누구나 알 수 있을 정도로 밝혀진 현 상황과 서로의 입장에 대해 구차한 변명과 장황한 답변은 더욱 우스운 꼴이 될 뿐이었다.

 답답했던 가슴은 조금 가벼워진 상태였다. 담임목사님께서는 어찌하여 S집단과 연결되었던 것인지를 교회 홈페이지 게시판에 공개적으로 질의한 것에 대해서 하루 이틀이 지나도 아무런 답변도 하지 못한 채 그렇게 시간이 흘러가고 있었다.

 일말의 숨통이 트였던 것이지, 캠퍼스를 산책하며 나의 앞날에 대해 잠시나마 생각해 보았다.

내가 처음으로 출석했던 교회를 이제는 떠나도 되겠다는 생각이 들었다. 3학년 1학기를 마치고 여름방학을 보내고 있는 시기, 졸업까지는 1년 반이 남은 시점이었다. 내가 다음 학기를 등록한다면 총장님도 나도 서로가 불편할 것, 아니 어색할 것이라 짐작되었다. 좀 더 솔직한 표현을 한다면, 나의 내면의 결벽증 때문인지 학교에 재학하는 것도 예전만큼 바라는 바가 아니었다. 힘겹게 일과 공부를 병행하며 남은 1년 반을 지내기보다 서울에 올라가 직장을 잡고 신림동 고시촌에서 본격적으로 시험공부를 해 보고 싶다는 생각도 떠올랐다. 집을 나온 후 1년 가까이의 시간 동안 어머니와 누나는 나에게 단 한 번의 연락도 없었다. 평소에는 겉으로 표시가 나지 않더라도, 설이나 추석 같은 명절을 맞이할 때면 주변 사람들에게 적절한 거짓말을 하고 그저 캠퍼스 근처를 걸어 다니고는 해 질 무렵 기숙사로 돌아와야 했다.

서울로의 이사

chapter 04

서울에서의 신앙생활

자퇴를 하였다.

내가 처한 형편을 어느 정도 아시는 교수님께서는 아쉬움과 함께 나의 뜻을 존중해 주셨다.

기숙사 짐을 정리하여 다시 사설 고시원으로 이사를 한 후, 얼마 지나지 않아 고시원의 총무가 되었다. 그리고 경제적인 부분에 좀 더 신경을 쓰고자 새벽에 하던 우유 배송의 배달량을 대폭 늘렸기에, 오토바이로는 해결하기가 어려워 소형 마티즈 차량을 구매하였다. 새벽에 서너 시간 일을 하고, 낮에는 시험공부를 하며 하루 24시간을 쪼개어 사용하려는 계획이었지만, 고시원 총무의 일이란 그리 단순하지도 적은 양도 아니었다. 언제쯤 공부를 제대로 할 수 있을지에 대한 고민이 점점 더 짙어지고 절박해져 가는 시기였다. 3개월여 동안 총무 업무를 겪어 보고 나의 계획을 실천해 갈 수 있을지에 대한 진지한 의문과 함께 서울로 거주지를 옮기는 것을 구체적으로 실행하기로 결정하였다.

막상 이삿짐을 챙겨 보니, 마티즈 차량에 모두 실리지 않았다. 서울로의 이사 당일에 이삿짐들을 차에 실을 수 있는 대로 싣고 저녁 식사 후 대략 6시경에 대전을 출발하였다. 신림동 고시촌 녹두거리에 위치한 원룸을 미리 계약해 놓았기에 서울로 올라가 짐을 내리기만 하고 다시 대전으로 향하였다. 대전-서울 간 편도 2시간씩 소요가 되니 두세 번 왕복을 하면 대략 아침 6시경에 이사를 마칠 것이라 예상했다. 새벽 시간에는 차량 정체나 소통량이 많지 않을 것이라는 예상대로 그렇게 서울과 대전을 세 번 왕복하여 서울로의 이삿짐 옮기기를 마무리하였다.

신림동에 자리를 잡고 동네 지리를 익혀갈 무렵, 누님 두 분과 매형께서 멀리 서울까지 찾아와 주셨다. 처남의 선택을 존중하고 지지한다는 말씀을 해 주시며 무겁지도 가볍지도 않은 저녁 식사를 함께 하였다.

지방에서보다 삶의 템포가 빠르고, 사람도 많은 서울에서의 삶은 점점 익숙해질 거라 생각되었지만, 일자리를 잡고 경제활동을 해야 하는 것은 눈앞에 닥친 현실이었다. 몇몇 구직활동을 통하여 보다 많은 보수를 받는 직장을 택할 수도 있었지만, 수년이 걸릴 수도 있을 수험 기간을 고려하여 공부와 일의 균형을 우선하기로 하였다. 몇 번의 이직을 거치며 안정적이지 않은 생계유지로 인해 때로는 재정이 바닥나는 상태가 되기도 하였다. 당시에 지내던 녹두거리에는 수험생들에게 특화된 슈퍼마켓이 많았다. 가게 앞에 다양한 종류의 빵들을 진열해 놓고 판매하였는데, 그중 일부는 제법 큼지막한 빵 서너 개가 한 묶음으로 되어 천 원이라는 일률적인 가격에 판매되기도 하였다. 재정 형편에 맞추어 한 줄에 천 원짜리 빵을 서너 줄을 사 놓고, 하루에 천 원도 되지 않는 빵 한 개로 지내야 할 때도 더러 있었다.

정규직으로 입사하기에는 부족한 나의 이력으로 인해 조그마한 로펌에서 계약직 근무를 시작하였다. 조금이나마 법률 관련 실무를 익힐 수도 있겠다는 생각이 들었다.

로펌에 입사 후 3, 4개월이 지나고 업무가 익숙해져 갈 즈음 DVD 업체에서 의뢰가 들어왔다.
당시는 소프트웨어와 하드웨어들의 발달로 MP3 불법다운로드 등의 문제가 발생하고, 법률이 그러한 사회의 발전을 따라가는 양상이었다. 소송의뢰를 해 온 DVD 업체는 극장에서 흥행한 작품들을 통해 DVD 판권을 가지고 사업을 하는 회사였는데, PC

방에서 해당 영화들을 무료로 시청하는 것에 대하여 각 PC방을 상대로 민형사상 소송을 진행하려는 것이었다. 지적재산권 박사이기도 했던 담당 변호사님께서는 수차례 거부를 하셨지만, 그들의 끈질긴 설득으로 인해 결국 착수하게 되었다.

그들이 수개월간 사전작업을 통하여 준비한 증거들을 건네받았다. 아르바이트생들을 고용하여, 서울에 있는 1,000여 개의 PC방에서 화면 캡쳐를 하고 그들이 판권을 가지고 있는 영화가 무료로 다운되고 PC방 이용료로 관람되는 증거들을 수집한 것이었다. 우선 700여 개의 각 PC방에 대한 700여 개의 고소장을 만들고, 서울의 관할 경찰서로 우편발송을 하였다.

그러나 DVD업체의 의도는 다른 데에 있었다. 해당 PC방들에 대하여 민형사상 책임을 묻기 전, PC방 업주들과의 합의를 통해 합의금을 지급받으려는 것이 그들이 저의였다. DVD 업체가 제시한 최초 합의금은 PC방 한 업체당 3,000만 원이었다. 이러한 터무니없는 금액은 시간이 지날수록 합의 불가한 금액임이 드러나며 결국 건당 300~500만 원의 금액으로 조정되었지만, PC방 업주들은 그러한 금액마저도 힘에 겨운 듯하였다. 고소와 합의를 진행하며, PC방 운영 현황이 얼마나 열악한 상태인지 비로소 알 수 있었다. 대부분의 PC방 업주들은 컴퓨터를 업그레이드하는 것도, 임차한 상가의 월세를 내는 일도 근근이 해 나가고 있는 형편이었다. 그러나 가난한 자의 송사라고 하여 그를 두둔하지 말라(출애굽기 23:3)는 성경말씀처럼, 동정심으로 마음이 동하기보다 상황 전체를 보고 무엇이 올바른 것인지 생각해야 할 때였다. PC방 이용자들도, PC방 업주들도 인터넷을 통해 영화를 무료로 다운받는 것이 범죄라는 사실을 제대로 인식하지 못하는 시기였다. 마치 대학교에서 학생들이 복사를 통해 교과서를 제본하고, 소리바다라는 사이트를 통해 Mp3 음악을 무료로 다운받았던 것처럼 말이다. 무료 음원 문제, 저작권법상 무단 복사, 복제는 점진적으로 개선되며 사회 구성원들의 의식 향상이 뒷받침되어야 하는 사항이었는데, 영화 무료 다운로드 영역에서 문제가 발생한 것이었다. 사회 발전에 대한 법 제도의 후발적 대비 혹은 전자통신관련법에 대한 사회 구성원들의 의식 미비에 대하여 그들은 그러한 간격과 틈새를 이용한 손해배상을 명분으로 일련의 작업을 진행하려는 것이었다.

변호사님께서도 여러 번 고사하셨고, 나 또한 과연 이 작업을 계속 진행해 가야 할지 고민을 하고 있었지만, 어쨌든 나로서는 지시에 따라 맡은 작업을 진행해 갈 수밖에 없었다. 그러던 어느 날, 해외로부터 영화를 수입해 온 영화사의 영문 계약서를 검토하던 중에, 소송 자료가 미비한 부분을 발견하였고, 의도적으로 변호사님과 상의하지 않고 해외로부터 영화를 직수입했다는 영화사를 찾아갔다. 영화사 대표를 만나 현재 벌어지고 있는 일에 대해 말을 꺼내 놓자, 해당 영화사 대표는 정색을 하며 이미 DVD 업체와 진행하지 않기로 논의가 끝난 사항이라는 답변을 하였다. 사무실로 돌아와 변호사님께 영화사 대표와의 대화 녹음 내용을 들려드리자 지금까지 진행해 온 소송을 중단하고, DVD 업체와의 계약을 마무리 짓기로 정하셨다.

내부적으로는 흐름이 바뀌었다 하여도 이미 외부에서 벌어진 일들은 하나씩 매듭을 지어야 했다. 나로서는 이미 아직까지 고소당하지 않은 PC방 업주들이 방편을 세울 수 있도록 최대한 시간을 끌고 있던 시기였다. 추가적인 고소장 제출은 중단되었고, 이미 합의 진행 중인 PC방에 대해서만 최소한의 금액으로 합의를 완료하기로 하였다. 사건을 진행하면서도 DVD 업체가 알게 모르게 최대한 지체시킨 한 달여간 서울의 변두리와 경기도, 지방의 PC방 업주들은 블로그 등을 통한 연대를 하여 PC방의 서비스 시스템을 변경히고 힙법적 유효 사이트를 통한 다운로드 시스템을 구축하고 있었다. 차후에 진행해 달라고 DVD 업체로부터 받아 둔 나머지 300여 개의 PC방에 대한 자료들을 정리하던 중에 한 통의 전화가 걸려 왔다. 합의를 진행하던 PC방 업주인 중년 여성분의 숨 가쁜 목소리가 들려왔다. 합의금을 만들어 보려고 전단지 아르바이트를 나왔는데, 합의 기일을 조금만이라도 늦추어 줄 수 없겠냐는 간곡한 부탁의 전화였다. 합의 기일을 최대한 늦추어 드리고, 합의금도 절반으로 감해 드리겠다는 짤막한 말씀을 드리고 죄송하다는 말씀은 차마 드리지 못한 채 수화기를 내려놓았다.

주일에 교회를 가는 것은 이제 나의 일상에 습관이 되었고, 당연히 행하여야 하는 것으로 나의 인식 체계에 자리 잡혀 있었다. 신림동 고시촌 녹두거리에 있는 어느 교회를 찾아갔다. 대전에서 출석하던 교회와 비슷한 규모의 교회였다. 교단에 대한 분별력을 갖추고 교회를 찾아가기에 부족했던 나는, 대전에서의 교회와 동일한 표시가 있는 교회 (대한예수교장로회 통합교단; 장신대 운영)를 찾아갔다.

지리적 위치 특성 때문인지, 재적 교인 중 70퍼센트 정도가 인근에 위치해 있는 대학교의 학생들이거나 출신들이었다. 그만큼 교회 구성원들 중 청년들이 많았다. 담임목사님께서는 열정적인 설교와 행정 등으로 리더십이 있는 분으로 느껴졌다. 많은 성도분들께서 담임목사님에 대해 존경심을 가지고 있는 듯하였고 자신들이 출석하고 있는 교회에 대해 자부심 또한 작지 않은 듯한 느낌이었다. 교회에 출석을 하고, 안내원의 안내대로 목사님과 당회장실에서 인사를 나눌 기회가 있었고, 대전에서 동일 교단의 어느 교회를 다닌 것을 짤막하게 나누었다. 새롭게 뵌 담임목사님께서는 이미 교단 회의를 통해 내가 예전에 다닌 교회 소식을 알고 계시다 하셨다. 그러나 해당 문제에 대하여 서로가 별다른 이야기 없이 인사를 마쳤다.

교회를 출석한 지 얼마 되지 않아 꿈을 꾸었다. 내가 새로이 출석했던 교회의 담임목회자와 부목사님이 보였다. 음침한 분위기 속에서 두 분이 음란한 행동을 하고 있는 것을 꿈에서 보고는 잠에서 깨었다. 어찌된 것인지 조금은 당황스러운 꿈이었다.

평소 CTS와 극동방송 설교 프로그램을 통해 여러 목회자들의 설교 말씀을 들어오던 나로서는, 새로이 출석한 교회의 담임목사님의 설교가 박력이 있고 시원스럽다고 느껴졌었다. 마치 매콤한 고추장에 비빔밥을 한 그릇 비벼 먹듯, 직설적인 표현에 시원스럽고 칼칼한 느낌의 화법이 많았다. 그런데 시간이 흐를수록 목사님의 설교와 교회 운영에 의문이 들기 시작하였다.

당시 교회 표어가 '진리로 승부하는 교회'였던 것처럼 교회 분위기와 설교 내용 자체가 호전적이었다. 사회에서 일어나는 일들과 사건들 중에서 단점을 짚어 설교의 소재를 삼고, '저게 아니고 이것이다'라는 비교적 단순한 논리의 이분법적 설교들이 대부분이었다. 맞는 말이었으나 성경을 읽을 때와는 사뭇 달리 '자극적'이라는 느낌을 받기도 하였다. 베드로가 급한 성격이었다는 어느 참고 문헌처럼 다양한 목회자가 있으니, 다양한 설교가 있을 수도 있겠다는 정도로 생각하고 있었다.

날이 더워지기 시작하던 어느 주일 날, 담임목사님께서 바울 서신에 대한 설교를 하며, '여자가 옷차림새를 정숙하게 하지 못하여 남자가 음란한 마음을 품게 되면, 그 여자가 남자를 죄짓게 만드는 것'이라는 주제로 단상에서 설교를 진행하셨다. 그래서 우리 교회에서는 미니스커트는커녕 짧은 치마도 입지 말아야 한다는 실천적 결론을 말씀하셨다. 대전에서 담임목회자의 설교로 인해 곤욕을 치렀기 때문인지, 나는 언제부턴가 단상에서 설파되는 설교가 목회자 혹은 성직자라는 권위를 입고 내게 여과 없이 흡수되는 것을 꺼려 하고, 아무리 권위 있는 자가 말한다 할지라도 그 내용 자체가 과연 올바른 것인가를 생각해 보는 버릇이 생겨 있었다. 하나님의 진리의 말씀이라면, 사회 전반에 널리 퍼져야 할 만한 일반론적인 말씀이 되는지의 측면에서도 고려해 보았다. 담임목사님의 말씀을 듣고 난 후, 몇 가지 생각이 들었다.

'세계는 참으로 다양한 사람들이 공존하며 발전해 간다.'

'브라질에 카니발이라는 축제, 그리고 전 세계에서 펼쳐지는 여러 패션쇼는 남자들을 죄짓게 만드는 행사인가?'

'저 앞에 서 있는 담임목사님 같은 분들만이 세상에 존재했다면 현존하는 수영복 같은 옷들은 세상에 나올 수 없었겠구나. 누군가를 죄짓게 만드는 옷이 될 테니.'

이러저러하게 드는 나의 생각이 잘못된 것이 아님을 검토하고 자각하며, 예배를 마치고 성도분들과 함께 교회를 나서고 있었다. 초여름의 날씨 탓인지 교인분들의 옷차림도 가벼운 편이었다. 피아노의 반주가 끝나고 조용한 퇴장 가운데에 아직 단상 옆에 서 있던 목사님이 날카롭고도 격하게 외치는 큰 목소리가 예배당을 가득 메웠다. 목사님이 단상에서 단호한 어조로 교회 출입구를 향하여 외친 것이었다.

"야! 너! 교회 올 때, 그렇게 입고 오지 말어! 슬리퍼는 또 뭐냐~ 알았어?!"

모든 이들의 시선이 닿을 수 있는 단상 앞에서, 예배당 출구로 나가고 있는 어느 중학생을 향해 담임목사님이 손가락으로 삿대질을 하며 쩌렁쩌렁한 목소리로 지적을 한 것이었다. 담임목사님의 손가락이 어느 곳을 가리키고 있는지 확인했을 때, 그곳에는 반바지에 반팔티를 입고 슬리퍼를 신고 있는 중학생으로 보이는 청년이 놀란 얼굴을 한 채 서 있었다. 적막을 깨고 대중들을 가로질러 목사님의 지적을 받은 그 중학생은 적잖이 당황한 듯하였다. 대중들 속에 섞여 들고 있는 내가 민망할 정도였기에 문득 '모든 사람들 앞에서 이렇게 혼을 내야 하나…'라는 생각이 들기도 했지만, 교회를 오랫동안 출석한 대부분의 교인들은 익숙한 듯 당연하다는 분위기였다.

내가 알고 있는 예수님은 인격의 하나님이셨다. 옷차림을 더 성숙하게 하는 결과를 이끌어 내기 위해 이러한 방법이 최선일까 하는 의문이 들기도 하였다. 점심 식사 후 오후 조별 모임을 시작하였다. 4~5명의 조원들이 조장을 중심으로 모여 성경 공부도 하고, 친교를 나누는 시간이었다. 친목적인 여러 대화가 오가고 조별 모임이 끝날 무렵, 조장님과 잠시 개인적인 말씀을 나눌 시간을 요청드렸다. 조장님도 교회 인근의 대학교를 졸업하신 분이셨다. 오늘 있었던 반바지에 슬리퍼를 신고 온 학생 일에 대한 소회를 밝히고, 조장님은 어떤 의견이신지 여쭈었다. 교회 어른의 훈계 정도로, 교회 내의 문화를 바로잡으려는 바람직한 일이라고 생각한다는 조장님의 답변이 있었다. '엄한 것'과 '비인격적인 것'의 차이가 흐릿해진 것 같다는 나의 답변과 함께 마지막으로 질문을 드렸다.

한 교회의 당회장 담임목사는 생활과 언행에 있어 교인들의 모범이 되어야 하는데, 그렇다면 담임목사님의 엄한 모습을 본받아 조장님의 가정 내에서도 담임목사님 같은 엄한 모습으로 자녀들을 훈계할 수 있겠냐는 질문이었다. 이미 가정을 이루고, 유치원 또래의 자녀들을 키우고 있던 조장님의 대답은 솔직했다.

"아니요."

왜 가정에서 행할 수 없는, 받아들일 수 없는 행동이 교회에서는 용납되어야 하겠냐는 질문에는 답변하지 못하였다. 수년간을 당연하게 여긴 질서와 인식 체계에 일말의 흔들림이 있게 한 나의 질문과 자신의 스스럼없는 답변에 조장님은 스스로 조금 민망해하는 듯하였다.

더 이상 본 교회에 출석하지 않을 것 같다는 말을 남기고 교회를 나왔다.

집으로 걸어오는 길에 어느 심리학자의 통계적 일화가 떠올랐다.

어렸을 때부터 아버지를 싫어했던 딸이, 싫어했던 그 아버지와 비슷한 남편을 만나 살아가는 경우가 많다는 이야기였다. 자신들이 따라 하지는 않지만 그렇게 엄하게 자신들과 자신들의 공동체를 이끌어주길 바라는 그들은 어떤 리더를 바라는 것이었을까, 무엇에 익숙해져 있던 것일까, 라는 생각이 꼬리에 꼬리를 물고 이어졌다. 해당 교회를 출석하지 않은 이후, 신림동 고시촌에 있는 몇몇 교회를 출석하였지만, 언제부턴가 당분간만이라도 교회에 출석하지 않기로 하였다. 주일에는 집에서 성경과 찬송가를 앞에 두고 교회에서 드리던 형식대로 하나님께 예배를 드렸다.

의는 생존의 필수 요건이다

　DVD 업체 의뢰 건이 어그러진 후, 변호사님과의 관계도 어색한 점이 많았다. 계약 기간이 얼마간 남았었지만 퇴사를 결정하였다. 내근직을 했을 경우 공부시간을 만들기 어렵다는 한계 등을 깨닫고는 한동안 근로에 투자하여 학비를 모으는 것에 집중한 후 다시 공부를 하기로 결정하였다. 술과 친하여지고, 조금 방탕해진다면 돈을 모으기 쉬운 길도 있었지만 내키지가 않았다.

　정직하게 일할 수 있는 아르바이트를 찾던 중, 양재동 어느 빌딩의 패스트푸드점에 입사하였다. 1층에 있는 패스트푸드점에서 23시부터 03시까지 근무를 하고, 같은 빌딩 지하에 있는 한정식 식당에서 10시부터 22시까지 근무를 하는 투잡을 시작하였다. 근무지 이동시간을 줄일 수 있는 여건이었지만, 하루 24시간 중 꼬박 16시간을 아르바이트 업무로 보내야 하는 일정이었다.

한정식 식당은 장사가 매우 잘 되는 업소였다. 점포를 관리하는 담당 매니저와 5~6명의 서빙 아르바이트생들이 근무하는 곳이었다. 근무를 시작한 지 며칠이 지나자 담당 매니저의 가게 운영 방향이 상당히 잘못되어 있다는 것과 아르바이트생들이 혹사당하고 있음을 알 수 있었다. 백 평 가까이 되는 홀에서 서빙을 하는 아르바이트생들이 언제나 뛰어다니게 훈련을 시켜 다음 날 아침이면 무릎이 시큰거릴 정도로 고되게 일을 시키는가 하면, 업소가 운영되기 위한 근로가 아닌 매니저 자신에게 복종하는 근로 형태가 고착화되어 있었다. 한 학생이 교실을 장악하고 자신의 입맛대로 공동체를 휘어잡는 스토리의 〈우리들의 일그러진 영웅〉이라는 영화와 다를 바가 없을 정도였다.

나는 함께 일하는 동료들보다 연배가 많고, 아르바이트 경험도 많은 편이었기에, 타 근로 현장과 근로 여건 등의 비교가 가능하였다. 일을 마치고 잠시 시간이 날 때면, 땀에 절어 녹초가 되어 있는 동료들에게 개인적으로 물어보았다. 지금 하고 있는 일이 괜찮은지, 지금 가게가 운영되는 방식이 바람직하다고 생각하는지, 혹사당한다는 느낌은 들지 않는지 등을 물었다. 한 청년은 자신들이 힘들고 부당한 게 사실이지만 이곳에서 식당 일을 배워 자신의 식당을 차릴 꿈이 있어서 참고 지내겠다고 하였다. 다른 한 청년은 이곳에서 돈을 모아 미국에 가서 오페라 단원이 될 계획을 생각하며 참고 지낼 것이라 하였다. 20대 중반인 그들로서는 자신들의 꿈을 바라보며 하루하루 견뎌내고 있는 것이었기에, 그 꿈을 이룰 수 있다면 부당한 대우도 참고 지내겠다는 태도였다. 자신들이 받는 부당한 대우에 대해 세상은 원래 그런 거라며 감이 전혀 없는 청년들도 있었다.

그러는 사이 이제 슬슬 지점장이 나를 조여 오기 시작하였다. 지점장 자신의 입맛에 맞추려 가게 운영의 규칙보다는 자신의 어떠한 말에도 굴복하라는 입장을 아주 천천히 그러나 점진적으로 진행해 갔다. 겉으로는 웃으며 말을 걸지만 속으로는 상대방을 밟아 자신에게 복속시키려 하는 전형적인 인물이었다. 내가 가게를 떠난다 해도, 힘겨움 속에서 일하는 꿈 많은 청년들을 위해서라도 나의 퇴사만으로 끝날 일이 아니라 생각되었다. 지점장이 점포를 관리하며 정상적인 모습을 보일 때는, 오로지 사장을 대면할 때뿐이었고, 신경을 쓰는 부분도 오직 사장의 심기뿐이었다.

지점장과 대립각이 지속되자, 지점장은 역시나 나를 찾아와 단둘이 이야기할 시간을 요청했고, 나에게 옅은 미소를 띤 얼굴을 하며 나 스스로 퇴사하는 선택을 하는 게 어떠하겠냐는 말을 꺼내었다. 더 이상의

돌파구도 없던 나는 이번 주까지만 근무를 하고 퇴사하겠다고 하였다.

나의 퇴사 소식을 알게 된 동료들은 나의 일에 대해 머리로는 이해할 수 있어도, 내가 택한 길에 대해 동의할 수 없는 현실을 견지하는 듯하였다. 그리고 퇴사 하루 전, 사장이 점포를 방문하였다. 화장실을 다녀온다고 하며 점포 밖에 서 계신 사장님께 잠시 말을 걸 수 있었다. 지점장의 가게 운영 방식을 알고 있는지, 사업장에 기숙사를 운영하면서도 퇴사자가 그토록 많이 발생하고 있는 이유가 무엇인지에 대해 알고 있는지, 나 또한 내일이면 퇴사를 할 예정인데 그 이유에 대해서 아는지 등의 이야기를 하고는 심층 조사를 진행해 보면 모든 이유가 밝혀질 것임을 알렸다. 그리고 〈우리들의 일그러진 영웅〉이라는 영화를 아는지 여쭈었다. 더도 덜도 아닌, 그 영화와 똑같은 상태임을 전해 드렸다.

마지막 근무일에 "잘 가~ 안녕~"이라며 미소 짓는 지점장의 비웃음을 뒤로한 채, 퇴사를 하였다.

1층의 패스트푸드점에서만 근무를 하며 지내고 있었다. 한정식 가게의 운영시간이 끝났을 무렵인 11시경, 가깝게 지냈던 동료 한 명이 근무 중인 내게 찾아왔다. 얼굴이 붉으락푸르락한 채로 씩씩거리며 찾아온 그 동료는 내게 화가 난 듯 왜 그런 행동을 한 것이냐며 따져 묻기 시작하였다. 자초지종을 묻자, 사장님이 전수 조사를 시작해서 가게가 발칵 뒤집혔다는 것이었다. 그 동료는 어수선해진 가게 사정으로 인해 자신의 꿈이 흔들리는 것이 아닌가라는 생각에 울먹이기까지 하였고, 결국 눈물을 보였다. 왜 잘 지내고 있는 가게를 이런 지경까지 만드는 거냐며 나에 대한 분노를 표출하기도 하였다.

나로서는, 가게가 비록 지금 당장 어수선할지라도 이후를 그려보며 한 행동이었지만, 그 청년에게 더 이상 해 줄 수 있는 말은 없는 듯하였다. 사장님께서 바른 선택을 하셔서 가게가 정상화되기를 바랄 뿐이었다.

퇴사한 한정식당의 지점장 문제로 인해, 퇴사를 고민할 무렵엔 여러 생각이 들었었다.

남들도 다 참고 견디는데, 나도 다른 동료들처럼 알면서도 모르는 척 지내는 게 낫지는 않을까. 나를 찾아와 눈물까지 보이며 왜 이렇게 가게를 흔드는 것이냐는 말을 들었을 때는 더욱 그러했다. 하지만 하나님의 일정, 하나님의 시간표는 그렇지 않을 것이라 생각하였다. 내가 행한 행동은 근무 중에도 이미 여러 번 고민을 했던 일이었다. 지금껏 여러 사람들이 그러하였던 것처럼 나 또한 부당함과 비상식 앞에서 조금 고개를 숙이고 허리를 굽힌다면 다른 동료들처럼 하루하루 지낼 수 있지 않을까. 그렇다면 나도 이곳에서 나의 계획과 꿈을 조금씩 일구어 갈 수 있지 않을까… 혹시나 반대의 선택을 한다면 다시 새로운 일자리를 찾아야 한다는 무거운 마음이 들기도 하였다. 내가 생각해야 할 기준은 무엇일까 살펴보던 중에, "Let your yes be yes, let your no, no"라고 말씀해 주신 예수님의 말씀이 생각났다. 한국어 성경(개역개정)에는 "예 할 것은 예 하고, 아니오 할 것은 아니오 하라"고 번역이 되어 있는 말씀이었다. 좀 더 영문 번역에 충실해 본다면, '너의 Yes가 Yes가 되게 하고, 너의 No가 No가 되게 하라'는 말씀이었다. Let이라는 단어가 문장의 가장 앞에 놓여 있어 명령형이 아닌, '그렇게 되도록 네 자신이 허락하라'는 말씀이었다. 혼란스러웠던 당시에 내가 나아갈 길의 기준이 될 말씀을 해 주신 예수님께 감사했다. 감히 거창하게 비유할 단어라 생각지 않았지만, 내가 택해야 할 길, 내가 선택하고자 하는 방향은 '한 알의 밀알'이었다. 내가 퇴사를 한다 해도, 계속해서 일어나는 비참한 일들이 바뀔 수 있다면 충분하다 생각했다. 이 또한 예수님께서 일러 주신 말씀이었다.

수개월이 지나고 1층에서의 패스트푸드점 아르바이트도 그만두었다.
나도 이제 지내는 공간이 달라지니 양재동에 대한 생각은 염두에 두지 못하고 지낼 때였다.

6개월 정도가 지났을 즈음, 나를 찾아왔던 그 청년으로부터 전화가 걸려 왔다. 밝은 목소리였다. 가게에 한 번 오시라는 말을 건네며, 자신이 한정식당의 지점장이 되어 근무한 지 반년 정도 되었다고 하였다. 흔쾌히 곧 방문하겠다고 하며 전화를 끊었다. 이후로도 몇 번의 안부 연락과 가게 방문이 있었고, 상식선에서의 가게 운영과 정상화되어 있는 매장 분위기를 볼 수 있었다. 안정된 직장생활과 함께 그 청년은 그해에 결혼을 하였고, 요즘은 SNS를 통해 행복한 가정을 꾸리고 쌍둥이를 키워 가는 모습을 볼 수 있었다.

옛 동료이자 새로운 지점장이 두 쌍둥이 딸, 그리고 아내와 함께 찍어 SNS에 올린 한 가정의 모습을 볼 때면, 나의 마음과 발걸음을 지켜 주신 하나님께 감사하다.

한국 기독교의 신사참배 역사를 알게 되다

　서울에서 지낸 지 한두 해가 지날 무렵 비단 대전에서 다녔던 교회의 사건뿐만 아니라, 대한민국의 적잖은 교회들이 불미스런 기사로 올라오는 것을 접할 수 있었다. 교단 내 패싸움, 교단 총회장을 선출하는 과정에서 폭력이 난무하는 모습, 목회자들의 부정 축재, 성폭력 관련 사건, 대형 교회 세습 등 그동안 내가 관심과 시선을 두지 않았을 뿐, 때로는 인터넷으로 관련 사건들을 검색하다 밤을 지새울 것 같아 중단해야 한 적도 있었다.

　한국 기독교의 역사에 대해 인터넷 자료를 검색하던 어느 날, '한국 기독교의 신사참배 역사'를 접할 수 있었다. 보다 심도 있는 역사적 자료와 구체적 기록들을 확인하고자, 관련 도서들을 구매하였다. 통영에서 목회를 하시는 이정호 목사님을 비롯해 한국기독교역사연구소 소장님으로 계신 김승태 소장님의 책을 만날 수 있었다. 척박한 환경에서도 여러 수고와 애쓰심으로 자료들을 수집하여 발간하신 책들이었다. 침례교를 제외한 감리교, 성결교, 장로교 등 한국 기독교의 대부분 교단과 교회가 신사참배에 동참했을 뿐만 아니라, 교인들에게 동방요배 선동, 일제의 전쟁물자 지원까지 앞장섰던 탓에, 신사참배를 거부하고 저항했던 신앙의 선배들에 대해서는 오히려 역사적 근거를 감추어 버리려 한 탓도 있었다.

천황을 절대신으로 여기며, 조상신이나 신화적 영웅 등을 안치한 신사를 참배하는 것[1]은 당연히 기독교인들에게 있어 하나님의 말씀에 위배되는 행위였다. 십계명을 정면으로 벗어나는 행위였던 것이다. 그러나 한국 기독교는 장로교를 최종적으로 포함하여 친일 행적을 하게 된다. 우상에게 절하지 말라는 하나님의 말씀을 어기고, 하나님 외의 다른 우상을 섬기는 신사참배와 동방요배에 적극 가담하기로 결정한 것이다. 1930년대부터 교단적 굴복이 더욱 명확해지기 시작하였는데, 1938년 9월 장로교 총회에서는 전국 노회 23곳 중, 17노회의 찬성으로 교단 차원에서 신사참배를 적극 참여하기로 결정하였다. 당시 정황

---

1 이정호, 《신사참배와 맞섬의 신앙》, 누름돌, 2010, 27~33쪽

으로는 대부분의 미션스쿨이 폐쇄되어 갔고, 때로는 일본 경찰이 교회의 담임목사에게 공문을 보내어, 천황이 높은지 하나님이 높은지 공식적이고 책임 있는 답변을 하라는 압박을 하기도 하였다.[2] 심지어 교회 목회자들이 서울의 한강과 부산 등에서 신도의식(침례의식)을 단체로 받았다. '(천황의 조상신으로 여기는) 천조대신이 높은가, 여호와 하나님이 높은가'라는 질문에 천조대신이 더 높다고 답하고 서명을 한 자들에게 주어지는 의식이었다. 교계 지도자들은 성도들에게 신사참배는 국민의 례일 뿐이라고 가르치며 교묘히 본질을 피하고, 죄가 되지 않는 애국심의 발로라는 주장을 하며 총대들이 자진해서 신사참배의 본을 보이기도 하였다. 몇몇 교회는 교회 내에서 국방헌금을 주도하여 일본군의 전투기와 기관총 구입비를 일본군에게 헌납하기도 하였고, 전투기의 이름은 조선장로호, 감리교단호 등으로 명명되었다.

역사적 사실로서, 신사참배에 동참한 한국 기독교는 '대부분'이라는 수식어를 갖게 되었고, 신사참배에 저항한 기독교인들은 '소수' 혹은 '일부'라는 수식어를 지니게 되었다. 그 소수의 목회자들은 일제와 신사참배에 동참한 교계 측이 행사한 압력으로 노회에서 파면되기도 하였다. 옥중고문을 당하거나 옥중에서 순교하시는 목회자와 성도분들도 발생하였다. 참담함을 금할 수 없었던 이유 중 한 가지는, 신사참배에 저항했던 목회자와 성도분들을 괴롭혔던 핍박과 박해가 한국교회 및

---

2 김승태, 《(신사참배 거부 항쟁자들의)증언: 어둠의 권세를 이긴 사람들》, 다산글방, 1993, 9쪽

교단의 지도자들에 의해 조성되었다는 점이었다.

그럼에도 기이한 것은, 신사참배에 동참하고 선동을 했던 교계 지도자들이 해방 후 기존 조직에서 권력 정치력으로 변신한 것이었다. 마치 친일파 경찰이 해방 후에도 승승장구하여 고위직이 되어가는 과정과 흡사하였다.

신사참배에 대한 여러 연구결과와 논문, 도서들은 의미론적 고찰과 시선의 확장을 가지며 현대 사회에 있을 수 있는 우상숭배에 맞서자는 등의 추가적 결론을 내고 있었다. 그리고 21세기에 들어서 교단 차원에서 70~80여 년 전의 신사참배 행위에 대해 회개하자는 모습이 조금씩 나타나기 시작하였다. 맞는 말이다. 마땅히 해야 할 일이다. 그런데 개인적으로는 다른 곳에 관심과 시선이 머물기 시작했다.

하나님에게 준 마음의 상처, 아직 하나님의 마음가에 배어 있을 눈물 자국이다.

인간은 감정과 느낌, 정서를 가지고 있는 존재이다. 하나님의 형상대로 물려받았기 때문이다. 다시 말하면, 하나님께서 감정과 느낌, 정서가 있는 인격적 존재이시기에 그 형상대로 지은 바 된 인간이 그러한 것들을 가지고 있는 것이다.

교회를 한동안 다녀 본 사람치고, '부흥'과 '회복'이라는 단어를 들어 보지 못한 사람은 없을 것이다. 우리는 그동안 하나님께 우리를 부흥시켜 달라고, 나를 회복시켜 주시라고 수 없이 기도하였을 것이다. 그런데 하나님의 상처 난 마음이 회복되기를 바랐던 적은 있었던가. 신사참배를 저지른 결과는 우상숭배였다. 십계명의 제1, 2계명을 명백히 떠난 우상숭배에 대하여 성경은 여러 곳에서 '영적 간음행위'인 것을 언급한다.

한 가지 상상을 해 보았다. 외박과 동시에 외도를 하고 집에 돌아온 아내가, 모든 것을 훤히 알고 있는 남편과 소파에 앉아 있거나 함께 식사를 하고 있다고 가정해 본다면 그 시공간에서 부인할 수 없는 현실은 남편에게 넘겨진 상처일 것이라는 생각이었다. 상처받은 남편의 마음은 헤아리지 못한 채, 반성과 성찰에 대한 말 한마디 없이, 잘 지내보자고, 앞으로 즐겁고 신나게 지내보자고 말하는 아내의 고백이 남편에게는 어떻게 들릴 것인가 말이다.

하나님을 모르던 사람들이 하나님을 배신한 것이 아니었다. 침례교를 제외한 한국 기독교의 각 교단이 신사참배를 결의하기 불과 20년 전에 평양에서는 대부흥이 있었다. 조선을 품으셨던 하나님께서는 2000년 전 외아들을 죽음에까지 내어 주시고 이후 조선에 성령으로 친히 다가와 주셨음에도 그들은 그런 하나님에게 등을 돌리고 배신을 한 것이었다.

부흥도 좋고, 교회의 양적 성장도 좋다. 그런데 갈가리 찢겨졌던 하나님 마음의 회복은 시선을 둔 적이 있었던가. 아들을 보내고, 성령을 보냈음에도 등 돌린 교인들 앞에 서 계셨던 하나님의 상처를 낫게 해 드릴 생각을 해 보았던가. 다시 대부흥이 일어난다면, 신사참배 같은 현실이 닥쳐왔을 때 그때는 하나님께 등을 돌리지 않을 것인가… 머릿속이 복잡하였다.

신사참배에 대한 저항으로 목숨까지 다했던 분들도 분명 계시다. 그러나 '대부분'이라는 수식어가 붙으며 교단과 교계 지도자들을 중심으로 펼쳐졌던 신사참배 운동을 통해 한국 기독교는 그 뿌리에 '우상숭배의 시기'라는 마디를 가지고 있다.

어찌 보면 일제강점시기에 친일을 했던 친일파들이 대한민국 권력 곳곳에서 자리 잡고 있는 현 세태처럼, 신사참배에 열을 올렸던 그들에 뿌리를 두고 있는 현재 곳곳의 줄기가 돈 혹은 성 문제와 관련되어 불미스런 사건들로 신문 한 면을 차지하는 것은 이미 정해진 수순이 아니었을까 싶다.

/ 뜻밖의 대형 교회 /

chapter 05

안내부에서 다시 시작하다

호흡기가 예민한 편이어서인지 신림동 고시촌에서 잦은 이사를 하게 되었다. 월세가 저렴한 곳은 하수구라든지 통풍 등이 열악했기 때문이었다. 주민등록등본을 발급하여 보면 어느덧 서울에서의 주소이전 내역이 등본 한 장을 가득 채우고 있었다. 대학생들이 방학을 맞이할 무렵, 대전에서 법학과 후배 한 명이 신림동에 와서 방학 동안 시험 준비를 하려 한다는 연락이 왔다. 재시험을 통해 상법시험에서 좋은 성적을 거둘 수 있도록 해 주시고 나를 아들처럼 여겨 주시는 교수님의 자제분이었다. 덕분에 고시촌에서 동문이나 교류하는 친구 없이 지내던 나도 후배와 함께 차를 마시거나 식사를 하는 시간을 보낼 수 있었다.

어느 날, 그 후배가 교회를 다녀보고 싶다는 이야기를 건네 왔다. 인근 동네에 있는 교회는 출석할 생각이 들지 않았기에, 평소에 언론 기사를 통해 접해 왔던 한 대형 교회에 함께 가기로 하였다. 출석할 교회를 정할 때, 어떤 이유인지 딱히 모르게, 대형 교회는 조금 꺼려 하는 편이었지만 그간 언론 기사 등을 통해 건강한 교회일 수도 있겠다는 생각에서였다.

출석하기로 한 교회는 마포구 합정동에 위치한 교회였다. 후배와 함께 지하철 2호선을 이용하여 방문하였고, 교회 앞에서 펄럭이는 여러 나라의 국기를 볼 수 있었다. 첫 예배를 마치고 교회를 구경할 겸 산책을 하는 중에, 교회에서 관리하는 양화진 선교사 묘원을 거닐 수 있었다. 언더우드 선교사님을 비롯하여, 조선에 파견되어 하나님의 말씀을 전하고 하나님의 일을 하셨던 외국인 선교사분들과 그 가족들의 묘소를 직접 찾아뵌 것이다. 각 묘소의 비석에는 묻히신 분들의 유언 같은 문구가 적혀 있었다. 그중에 참으로 인상 깊고, 그 마음을 느낄 수 있는 묘비명이 있었다. "만일 내게 천 개의 목숨이 있다면, 조선에 그 모든 것을 바칠 것이다." 24세의 젊은 나이에, 온갖 고생과 순교의 위험까지도 감수하고 조선 땅에서 헌신하시고 선교지에 오신 지 불과 2년 만에 하늘나라로 가신 루비 라헬 캔드릭 여선교사님의 유언이었다. 중고교 시절에 교과서에서 접해 보기만 했던 이름들이 실제로 적혀 있는 묘비 앞에 서서 이루 말할 수 없는 생각과 감정들이 교차했다. 100여

년 전 하나님의 사랑 안에서, 하나님의 뜻을 받들어 조선에 대한 사랑을 품고 이국 땅 먼 곳까지 찾아오신 신앙 선배님들. 2000여 년 전 목숨까지 다하신 예수님의 사랑, 그리고 역사의 흐름 속에 살아 이어지다 100여 년 전 이곳에 묻히신 분들의 손길을 통해 조선에 닿고, 그 사랑이 그렇게 이어져 지금의 나에게까지 결국 닿은 것이라는 사실은 언어로 표현하기 어려운 벅찬 감동이었다. 대전에서 내가 다녔던 대학교를 세우신 린튼 선교사님도 언더우드 선교사님과 동시대에 조선에 선교를 오시고, 남쪽으로 내려오셔 학교를 세우신 분이신 것을 알 수 있었다. 양화진 선교사 묘원을 다녀온 후로 나의 좁았던 시야를 조금이라도 더 넓혀야겠다는 생각이 들었다.

그동안 주일이면 집에서 성경과 찬송집을 가지고 홀로 예배를 드렸는데, 이제 설교를 듣고, 공동체와 함께 하나님께 예배를 드린다는 것에 감사하였다. 몇 주가 지나고, 후배는 다시 대전으로 내려가고 나는 교회를 계속 다니게 되었다. 주일이 되면 교회 출석 교인 수가 수천 명이었지만, 여느 다른 교회처럼 대형 건물을 짓지는 않았다. 본당에서 예배드리지 못하는 분들은 인근의 다른 건물에서 화상예배를 드렸다. 그렇게 대형 건물이 아닌 기존에 있던 건물들을 이용하였다. 교회 재정에 대하여도 투명한 정책을 이어갔다. 목회자들의 월간 급여액부터 소소한 물품 구매 비용까지 매월마다 전 교인이 확인할 수 있는 회계보고서가 주보에 함께 끼워져 있었다. 한국에 기독교 선교가 이루어진

지 100주년을 기념하여 장로교, 침례교, 성결교 등의 교파들이 연합하여 초교파적으로 세운 교회였다.

매 주일이면, 수천 명의 성도분들이 교회를 다녀가셨다. 예배를 드리고 교회를 나서시는 분들 외에도 그 수많은 인파가 무리 없이, 질서 있게 예배를 드릴 수 있도록 곳곳에서 수고하시는 분들이 계신 것도 알 수 있었다. 몇 년 전, 교회에서 동시에 3가지 직책을 맡았던 나는, 이제 무리한 봉사활동을 할 생각은 없었지만 나로서도 무언가 해야 할 몫을 찾아봐야겠다는 생각이 들었다. 예배실에서 나를 따뜻한 미소로 반겨주며 좌석을 안내해 주시던 안내원분들을 보며, 나도 안내부에서 봉사를 시작하기로 결정하였다. 교회 안내 봉사를 하며, 내가 몰랐던 교회 시설 전반에 대해 알아갈 수 있었다.

교회에 출석하는 것이 익숙해질 즈음, 출석하시는 교인분들이 다양하며 각 구성원들의 스펙트럼도 그러하다는 것들을 알 수 있었다. 다양한 직역의 분들이 함께하시고, 각계각층의 분들이 참석하셨다. 아나운서, 기자, 연예인, 변호사 등 TV에서 뵐 수 있었던 분들도 출석하셨지만, 단지 다른 건물에서 예배를 드리셨기에 몰랐던 것이었다. 청년들도 외국으로 유학을 다녀온 분들이 많았던 터라, 예배 후 조모임을 가질 때 다양한 이야기를 들으며 나의 내공과 소통이 부족하다는 걸 느낄 수 있었다.

교회는 지역 주민 나아가 교회 밖 사회와 소통하려는 노력을 하였다. 양화진 문화원을 통하여 신앙과 사회의 접촉점을 갖고자 하는 노력의 일환으로, 사회 각계각층의 강사분들을 초청하여 강의가 이루어지고, 많이 알려진 크리스천 성악가 혹은 크리스천 가수들을 초청하여 지역 주민들과 함께하는 콘서트를 열기도 하였다. 정치인, 학자, 방송인 등 다양한 분야에서 업적을 이루신 분들이 초청되었다. 사회 유수의 강의만큼 훌륭한 강연이 이루어졌고, 정신적, 문화적 양식을 쌓는 것에 도움이 되었다. 매 주에 한 강의씩 듣다 반년 정도 시간이 지났을 때 한 가지 독특한 점을 발견할 수 있었다. 문화원에서 초청하는 강사분들 중에는 절반 이상이 기독교인이실 정도로 그 수가 많았는데, 그분들 중 적지 않은 분들이 예수님을 믿고 성경책을 즐겨 읽지만 교회는 출석하지 않고 있다는 말씀을 하시는 것이었다. 나도 잠시 교회를 출석하지 않기로 정했던 자로서, 그분들은 어떠한 연유로 성부와 성자, 성령을 믿고 성경책을 즐겨 읽으면서 교회는 나가지 않으시는 것인지 궁금증을 품어 보기도 하였다.

합정동에 있는 교회를 출석한 지 1년여가 되어갈 무렵 담임목사님의 설교에 조금씩 답답함이 느껴지기도 하였다. 교회 내에서 하나님의 말씀을 선포한다는 목사님의 설교에 답답함을 느낀다는 것은 불경스럽게 여길 수도 있을 일이었지만, 이미 대전에서 헛되고 거짓된 일에 많은 상처를 겪었던 나로선 스스로 솔직해져야 하겠다는 마음이 앞섰다.

적어도 이제 솔직히 느껴지는 감정을 권위라는 것으로 덮어 두려는 행동은 하지 않았다. 담임목사님의 설교는 목소리 톤, 성량, 발음, 호흡, 시선 등 대부분의 사항들이 다듬어지고 의도적인 노력이 배어 있었다. 발음을 아나운서에 뒤지지 않을 정도로 정확하게 하려 애쓰시고, 모든 설교를 외워서 하시는 노력도 있으셨다. 하지만 설교를 극적으로, 감동적으로 하시려는 인위적인 노력은 익숙지가 않았다. 때론 설교의 중후반부까지 무엇을 말씀하시려는 것인지 모를 정도로 이야기를 이끌어 가시다 설교의 마지막 부분에 빵하고 터뜨리시는 기술적인 설교 안배로 인해 극적인 감동이 있는 설교말씀을 하시려는 것을 느낄 수 있었다. 설교를 통해 전달되는 내용과 의미, 가치를 느끼며 감격스런 적도 있었지만 표현 방식에 의도적인 테크닉이 깔려 있음을 느낄 때면, 극적인 감동을 자아내려는 인위적인 구성 방식이 느껴져 사뭇 어색함이 들기도 하였다.

청년부 성가대

합정동에 있는 교회를 다닌 지 1년여가 되었을 때, 봉사활동을 하던 안내팀을 나오고, 청년부 성가대에서 활동을 시작하였다. 대전에서 성가대 활동을 했던 경험이 자연스레 나의 시선을 성가대 쪽으로 옮겨주었다. 성가대는 이제 갓 대학생활을 시작한 20대부터, 한창 직장생활을 하는 30대, 그리고 후배들을 챙겨주는 40대까지 대략 50여 명 정도로 구성되어 있었다. 적지 않은 인원에, 서울이라는 특성까지 더해져 각기 개성 있는 청년들이 다양한 직역에서 활동하며 주일이면 함께 한자리에 모일 수 있었다. 대부분의 성가대가 그러하듯이, 성가대 대장(본 교회에서는 성가대 팀장이라 호칭하였다)과 지휘자는 나누어져 있었고 지휘자님께서는 한국의 교회음악 분야에서 명성이 높으신 분이었으며,

팀장은 나와 비슷한 또래의 분이 담당하고 계셨다.

  유학을 다녀오시고 왕성하게 교회음악 분야에서 활동하시는 지휘자님의 이끄심으로 일반인들이 접하기 쉽지 않은 수준의 지도를 받으며 지낼 수 있었다. 성가대 내의 분위기 중에서 한 가지 독특했던 점은, 성가대에서 지내는 시간이 더해질수록 느껴지는 차가움이었다. 마치 뉴욕에서는 워낙 다양한 개성과 패션을 지닌 사람들이 존재하기에 아주 독특한 옷차림새의 사람이 옆을 지나가도 그다지 신경을 쓰지 않듯, 기존에 성가대에서 이미 함께 활동한 친한 사람들끼리만 서로 친할 뿐, 어색함을 넘어선 유리벽 같은 경계와 차가움은 무엇 때문인지 생각해 보기도 하였다. 그러나 또한 연령대가 그러한 만큼 성가대 내에서도 혼기가 찬 몇몇 구성원들이 부부의 연을 맺기도 하였다. 성가대 구성원들이 대부분 혼기에 이르거나 연애를 할 나이들이 되어서인지 소위 요즘 말하는 '썸'을 타게 되지 않을까 애써 신경을 쓰거나 경계하는 태도와 그러한 분위기에서도 부부의 연이 탄생하는 조금 독특한 광경이 보이기도 했다.

  1년 동안 성가대에서 지내고 해가 바뀌며 아쉽게도 지휘자님께서 성가대 활동을 당분간 접으신다는 말씀이 있으셨다. 그도 그럴 것이, 지휘자님께서는 교회 밖에서도 다양한 활동을 하시며 지내시는 음악가이신데, 주일에도 쉬지 못하시고 수년간 성가대에 매진해 오셨기에 휴식을 취하셔야 할 시기가 온 것이었다. 지휘자님께서는 퇴임을 하시며 나를 성가대 팀장으로 세워 주셨고, 지휘자님의 지인분께서 후임 지휘자로 오셨다. 크리스마스가 지나고 송구영신 예배를 드릴 즈음, 두 가지 생각이 교차하였다. 성가대에 출석한 지 1년이 되었을 뿐인데, 내가 성가대 팀장을 맡아도 되는 것인지에 대한 의문에 이어, 얼마 전부터 조심스레 들었던 생각인 이제 얼마 전처럼 교회에 출석하던 것을 중단하고 집에서 예배를 드려야겠다는 생각이었다. 후자의 생각은 근본적으로 설교에 대한 내 마음의 중심으로부터의 이견(異見) 때문이었다. 예배 중에는 수많은 감정과 찬양을 하고픈 마음이 샘솟는 것이 자연스러운 것일 텐데, 출석하던 교회와 담임목사님의 방향성은 '절제'와 '회개'를 강조하는 것에 초점이 많이 맞추어져 있었다. 같은 성가대원으로서 설교시간에 늘 옆 좌석에 앉아 솔직하게 말을 하던 청년 또한 그러한 듯하였다. 그 청년은 설교가 시작되고 10분 정도가 지나면 늘 어깨에 힘이 빠진 채로 고개를 숙이고 있는 편이었기에 어느 날 내가 질문을 던진 적이 있었다.

"무슨 문제 있니?"

"형, 설교 시작되면 힘들어요…."

솔직하게 말했지만 마치 스스로 불경건한 말을 꺼낸 것 같다는 듯 힘

없는 목소리로 나에게 심경을 고백한 것이다. 1년여 동안의 설교가 마치 회개하고자 먼지와 재 속에 앉아 있는 것 같은 심정이 들어 굳이 색깔로 나타낸다면 잿빛 회색이 떠올랐다. 그러나 이러한 생각에도 불구하고 직분을 받는 것은 하나님께 달려 있다는 바울의 말씀이 생각나, 한 해 동안 성가대 팀장으로서 헌신해야겠다는 결심을 하고 꼭 필요한 임원들만을 세우며 한 해를 시작하였다.

안식에 대한 질서, 안식에 대한 하나님의 말씀을 지키고 싶다는 나의 생각은 안식년도 지켜 행하자는 결심으로 이어졌다. 2012년을 안식년으로 보내고자 결정하고 경기도 과천으로 거주지를 옮겼다. 계획도시이고 관악산 가까이에 있는 지역에서 지낼 수 있겠다 싶었고, 서울에서보다 차가 적고 공기도 비교적 깨끗한 편으로 느껴져서이기도 했다. 안식년을 보낼 수 있을 정도로 경제적 여유가 되는가에 대한 질문을 던지시는 분들도 계셨지만, 필요최소한의 경제활동을 유지하며 하루 24시간 중 근무시간 외의 시간은 햇볕을 쐬고 고즈넉한 과천 외곽을 산책하며 바람을 쐬었다.

과천으로 이사를 하기 전, 그동안 직장활동이라기보다 사회생활로서 내가 했던 일들, 아르바이트와 회사생활에 대한 기억을 떠올려 흰색 A4 용지에 적어 내려갔다. 고등학교 때부터 시작한 아르바이트부터 삼십 대 초반에 이르기까지의 커리어에 대해 써 내려간 목록은 A4

종이 한 장을 빼곡히 채웠다. 경험했던 일터가 서른 개를 넘어서고부터는 개수를 헤아리기가 어려웠는데 대략 40여 개의 리스트가 기억으로부터 순서대로 써 내려져 갔다. 대통령에 대한 탄핵을 주도했지만, 불발이 되어 세력을 잃고 변호사로 개업한 전직 국회의원과 함께 중견 로펌의 사무장으로 근무했던 일, 전직 대통령 일가를 수행했던 경험들도 떠올랐다. 그러나 안식년인 만큼 예민하고 신경이 날카로워지는 일들은 조금 멀리하고 마음 편히 할 수 있는 일을 찾았다. 공기 좋은 과천을 오토바이를 타고 햄버거를 나르는 일, 어느 패스트푸드점의 오토바이 배달원으로 1년을 지내기로 결정하였다. 덕분에 나는 과천의 초등학생들에게 가장 인기 있는 아저씨가 되어 갔다.

관악산을 넘어 이사 온 과천은 계획도시였다. 정부종합청사와 함께 깔끔하게 잘 정비되고 정리된 도시였다. 서울에서처럼 차량과 사람이 많이 붐비지 않아 좀 더 마음의 여유를 가지고 지낼 수 있었던 듯하다. 오토바이에 익숙했고, 주소 체계도 잘 되어 있어 최소한의 경제생활로 택한 오토바이 배달원은 그다지 어렵지 않다. 하루에 대략 6시간 정도를 근로한 후, 공원 벤치에 앉아 햇볕을 쬐거나 산책을 하는 것은 잘한 선택이라 생각이 들었다. 따사로운 햇살 아래에서 볼을 스치며 지나가는 봄바람을 새들이 지저귀는 소리와 함께 느낄 수 있다는 사실, 그 여유가 감사했다.

그러던 어느 날, 일요일이면 내가 근무하던 빌딩에 사람들이 벌 떼처럼 몰려오는 광경을 목격할 수 있었다. 알아보니 예전에 나에게 신학생을 사칭하며 접근했던 그 사람들이 속해 있는 S집단이었다. 나중에 알게 된 사실로, 과천에 S집단 본부가 있다는 것을 확인할 수 있었다. 그 본부가 내가 근무하던 빌딩에 있었기에 일요일이면 예배를 드리려 사람들이 그토록 몰려왔던 것이었다. 뉴코아 백화점으로 쓰였던 10층 이상의 빌딩에 단지 몇 개 층만을 사용하던 그들은 수년 후 그 빌딩을 통째로 사용하기에 이르렀다. 그뿐만이 아니었다. 나는 당시 평범한 패스트푸드점 오토바이 배달원이었기에 1년간 근무를 하며 매우 다양한 곳곳에 배달을 오고 갔는데, 과천의 중심 상가 곳곳에는 그들의 성경연구소를 비롯해 친교 장소 등 그들 집단이 만들어 놓은 많은 시설과 인프라가 있다는 것을 두 눈으로 확인할 수 있었다. 그리고 과천에 있는 장로교회, 침례교회 등 몇몇 교회가 S집단에 의해 곤혹스러워하거나 S집단의 출입을 금지한다는 현수막을 교회 정문에 걸어 놓는 풍경도 보였다. 매주 일요일이 되어 빌딩 앞에 수많은 분들이 건물 안으로 들어가는 풍경을 보고 있노라면, '저분들도 얼마 전까지 다른 교회에서 예배드리시던 분들이실 텐데…'라는 생각에 제자리에서 얼어버린 듯 무거운 마음으로 그 광경을 바라보곤 하였다. '어째서 이런 일이 발생해 가는 것일까…', '저들의 책임인가… 교회의 책임은 전혀 없는 것인가…'라는 의문과 함께.

평소에 교회활동과 교회 밖 6일 동안에 대한 적절한 균형을 고려하던 차에, 임원들을 선출하면서도 적절한 역할분담이 되었으면 하는 바람이 있었다. 총무와 회계 담당자 2명, 서기는 30대로 정하였고, 악보를 담당해 주시는 분들은 20대의 두 명으로 정하였다. 회계 담당자는 매주 수십 인분의 간식 등을 준비해야 했고, 악보 담당자분들 또한 적지 않은 분량의 악보를 매주 준비해야 했기에 어느 한 개인에게 부담이 되지 않도록 결정한 것이었다.

전년도 팀장과 임원들로부터 인수인계와 회계장부 등을 받기 위해 시간을 내어 만나려 하였지만, 전년도 팀장은 임기를 마침과 동시에 해외로 출국하였다. 나머지 다른 임원들과 개별적인 담당자들만의 미팅을 가질 수 있었다.

인수인계 과정에서 전년도 재정 관련 입출입이 회계장부나 일말의 기록 없이 이루어졌다는 것을 알게 되어 사뭇 당혹스러웠다. 성가대원 각 개인이 월별 5,000원을 납부한 회비와 몇몇 어르신들의 도움으로 한 해 동안 대략 300~500만 원가량이 사용되었는데, 이러한 공적인 금액이 단 한 번의 회계기록 없이 주먹구구식으로 사용되었다는 사실이었다. 회계장부를 기록하는 것에 대한 의무는 없었을지라도, 교회 모든 부서가 '선지출 후청구'의 시스템으로 성가대에서 사용한 금액은 교회에 청구하여 충족이 되었을 법함에도 잔고 내지 이월 금액 또한 전혀 없다는 소식만이 들려왔다. 어쩔 수 없이 연말에 예정된 송년회 등의 행사와 지휘자님의 퇴임식은 나의 사비로 진행해야 했다. 전임 팀장은 귀국 후에 성가대를 바로 출석하지 않았지만, 연초에 지인 편을 통해 10만 원가량을 봉투로 보내왔다.

어느 주일 오후, 교회 옆 카페에서 첫 번째 임원 회의가 시작되었다. 어느 공동체든 처음 갖는 회의가 조금은 어색할 수 있겠다 예상했지만, 성가대 임원회의 분위기는 나의 짐작과는 달리, 나의 예상을 넘어서고 있었다. 회의를 시작하기도 전에 신임 총무는 낯섦과 어색함을 넘어 꽤나 까칠한 태도로 호전적이었고, 웬일인지 나에 대한 괜한 반감과 결코 호의적이지 않은 분위기를 노골적으로 드러내기도 하였다. 어색함이 짙던 첫 번째 회의는 석설한 역할 분담에 대한 논의 정도만을 한 채 끝이 났다.

연초인지라 아직 날씨가 춥던 어느 날, 2년 전에 먼저 성가대 팀장을 맡았던 동기 녀석이 도와줄 것이 없겠냐며 찾아와 주었다. 반갑고도 고마운 일이었다. 교회 앞 카페에서 따뜻한 차 한잔을 함께 나누며 시작된 대화에서 동기 녀석이 첫 번째로 꺼낸 이야기는 신임 총무에 대한 내용이었다. 성가대 총무에 대한 선임은 신임 팀장이 한 해 동안 함께 수고할 적임자를 직접 찾아 세우는 게 관례임에도 불구하고 금년도에 그 관례가 깨어진 것이라는 소식이었다. 관례라는 게 바뀔 수도 있고 새로운 변화가 있을 수도 있겠다 생각이 들기도 하였지만, 동기 녀석은 그런 의도로 이야기를 꺼낸 것이 아니었다. 나와 대립각을 세우던 신임 총무는 전년도 팀장이 자신의 가장 친한 사람으로 새로운 팀장이 정해지기도 전에 이미 결정지어 놓았던 사항이라는 것이었다. 그리고 성가대에 여러 해 동안 있었기에 내부 사정을 나보다 좀 더 많이 아는 여러 성가대원들이 총무 선임과 관련하여 불편해하는 여론이 있다는 것을 알려왔다. 어째서 신임 총무에 대한 선임 과정에 신임 팀장의 의사가 조금도 반영되지 않고 작년도 팀장이 신임 총무를 내정해 놓을 수가 있냐는 것이었다.

성가대 연간 계획을 세우고자 연초에 매 주일 가졌던 임원 회의가 진행될 때마다, 신임 총무는 나와 기 싸움을 하듯 괜한 대립각을 세우고 나의 발언에 대한 말꼬투리를 잡는 횟수도 늘어가고 있었다. 그러나 한 달여가 지날 즈음 신임 총무 선임 과정에 대한 성가대원들의 웅성거리는 여론이 불편했는지 갑작스레 총무를 그만하겠다고 알려 왔기에 총무는 새로운 성가대원분이 맡게 되었다.

활기 있는 청년부 성가대 특성상, 총무가 교체된 일은 성가대의 분위기에 크게 영향을 미치지 않았다. 전년도 팀장은 귀국 후 성가대에 이따금씩 출석하며 일반 성가대원으로서 모습을 비추었지만, 바쁜 일정 때문이었는지 그 횟수가 많지 않았다. 회계 관련 사항들과 몇몇 중요한 업무 등에 대해 이야기를 나눌 수 있길 바랐지만 그러한 나의 마음은 점차 사그라들었다. 전년도 팀장이 얼굴이 보이지 않는 사이, 이제 현직 국회의원의 비서관으로 근무하고 있다는 소식이 의아스러울 뿐이었다.

　나는 여전히 성가대 팀장의 역할을 한다는 것이 교회의 일이고, 하나님과 관련된 일이라는 적지 않은 부담감을 가지고 있었다. 성가대 팀장으로 임명되었다는 소식을 들은 당일 날, 어깨가 무거웠는지 평소 내리던 지하철역에서 네 정거장을 먼저 내리고는 두어 시간 걸으며 성가대 팀장이라는 직분이 무엇일까 고민을 해 보기도 하고, 내가 할 수 있는 작은 일부터 시작해 가야겠다는 소망 섞인 자세를 가져 보기도 했다. 안내부에서 1년간 지내며 교회 건물과 시설들을 구석구석 익혀왔기에, 교회 안에 기도할 수 있는 공간이 딱히 없다는 것을 알고 있었고, 우리가 사용하던 성가대 연습실은 100여 명 이상이 모일 수 있는 비교적 큰 공간이면서도 예배 후 연습이 끝나면 비어 있게 되어 활용도가 낮은 곳이라는 것을 알 수 있었다. 기도와 함께 며칠간의 고민 끝에 연습이 마쳐진 후 성가대실을 기도실로 이용할 수 있도록 만들어 갔고, 별도의 기도 인도자가 없이 잔잔한 찬송가 반주에서 각자 하나님께 기도할 수 있는 공간이 될 수 있게끔 하였다. 그러고는 친교를 통해 연습 때만 얼굴을 대하는 것이 아니라 좀 더 대화를 나누며 서로를 알아갈 수 있는 교제의 장을 염두에 두고 있었다. 어느 날 주일 예배 설교시간에, 담임목사님께서 가나안 혼인잔치에 대하여 설교말씀을 해 주셨고, 문득 '혼인잔치'처럼 즐거운 '커피잔치'를 열면 좋겠다는 생각이 들어 교회 인근의 적절한 커피숍들을 물색하여 진행하였다.

'커피잔치'에는 새로이 오신 지휘자님을 포함하여 주일 저녁에 개인적 약속이 없는 대부분의 대원분들께서 참석해 주셨다. 때로는 수십 명의 인원이 모였기에, 착석이 가능한 교회 인근의 카페를 물색하느라 애를 쓰기도 했다. 함께 자리하는 분들의 연령대는 대부분 이삼십 대의 젊은 층이었기에, 차를 마시며 오고 가는 이야기들의 공감과 소통도 마치 이러한 자리가 필요했었다는 듯 기대 이상으로 진행되어 갔다. 매주 가졌던 자연스러운 행사인 커피잔치가 봄과 여름을 지나 가을을 맞이하니 대원들 간에 오고 가는 대화도 좀 더 진솔하고 심도 있는 색깔을 가져갔고 성가대 담당 교역자이신 목사님께서도 가끔씩 동석을 해 주셨다. 이삼십 명 정도가 함께하는 자리에서 한두 분의 신앙적인 고민에 대한 솔직한 고백은 많은 공감을 자아내기도 하였다. 그중 가장 기억에 남고 많은 여운을 남겼던 질문이 있었다. 그 질문을 던진 소녀는 교회를 다닌 지 5년 정도 되어 가는 친구였다. 평소에는 신앙이 성숙하지 못한 것처럼 보일까 봐, 혹은 교회 안에서 아직까지 그런 것도 모른다는 부족함 많은 사람으로 보일까 봐 마음속에 늘 품고만 있던 질문처럼 보였다. 그 소녀는 약간 긴장한 듯한 얼굴로 조심스레 입을 떼었다.

"오빠… 기도는 어떻게 하는 거예요?"

그 소녀의 질문을 듣는 순간 나의 머릿속에는 여러 생각이 밀려왔다.

나의 개인적인 관점일지 모르지만, 평소에 성경말씀과 기도, 예배가 신앙생활의 가장 중요한 축이라고 생각했었기에 저 소녀가 그동안 기도의 자유함을 누리지 못했을 것에 대한 안타까움, 수줍고 부끄러운 듯 조심스레 말문을 꺼내는 모습에서 느껴졌듯이, 혼자서 쉽사리 말을 꺼내지 못하고 수년간 움츠러든 채 가슴앓이를 했을 모습. 우리는 교회 출석 연수가 늘어갈수록 대부분 설교 말씀의 깊이와 은혜로움을 찾지 않았던가라는 생각에 더불어, 그렇다면 짧지 않은 시간 동안 교회를 다녔음에도 기도가 무엇인지, 기도는 어떻게 하는 것인지에 대한 기본적인 가르침 없이 진행된 주일학교 혹은 조 모임, 수련회 등의 과정이 어렴풋하게나마 심화 학습은 열심히 했지만 기본 학습은 하지 않은 모습일 수 있겠다는 생각도 들었다. 또한 성도분들께서 이러한 기본적인 것들에 의문을 갖는 것에 대한 책임은 누구에게 있는 것인지에 대한 질문도 꼬리를 물고 이어졌다. 그 소녀가 하나님을 알고, 하나님과의 기도가 무엇인지 개념을 정립하고, 언제나 어디에서라도 하나님께 자유하게 마음껏 기도드릴 수 있었으면 하는 바람과 함께… 대표기도 차례가 돌아오면 유독 긴장을 하고 움츠러들던 그 소녀의 모습이 그 소녀가 질문을 던지던 모습에 오버랩 되었다. 그리고 과천에서 보았던 S집단이 주일이면 오히려 당당하고 자신 있게 그들의 예배당으로 모이던 모습도.

새해가 시작되고 얼마 되지 않은 1월 중순을 지나고 있었다. 교회 행정과 관련된 몇 가지 사항을 문의드리고자 교회 사무실 담당자분과 전화통화가 이루어졌다. 담당자분께서는 관련사항에 대한 답변의 막바지에 재정과 관련한 '선지출 후청구'에 대한 시스템을 알려주셨고 지난주까지 제출해 주신 총 2주분의 영수증에 대한 입금이 어제 완료되었으니 확인해 보시라는 말씀까지 건네주셨다. 친절한 안내에 감사하다는 말씀을 드리고 통화를 마치자 곧 임원 회의가 기다리고 있었다. 임원분들과 신입 성가대원 모집 등에 대한 논의를 마칠 즈음 회계 담당자분께서 흘리는 듯한 말을 꺼내었다. 방금 전까지도 입금 내역을 확인했지만, 교회 사무실에 청구한 대금이 입금되지 않아 성가대 회비 납부에 대한 사항을 서둘러 진행해야 할 것 같다는 말이었다. 좀 전에 사무실 담당자와 통화한 내용과 다른 말을 꺼내는 회계 담당자분의 말씀이 어찌된 영문인지 갈피를 잡기 어려웠지만, 금전과 관련된 사항에 괜한 오해가 생길 수 있을 것 같은 생각에 알겠다는 대답만을 드리고 한 주를 보내었다. 한 주가 지나고 진행된 임원 회의 자리에서 회계 담당자 분은 지난주와 같은 말씀을 꺼내었다. 교회에서 입금 처리가 되지 않아 성가대 재정이 바닥이라는 말을 반복할 뿐이었다. 교회로부터 입금 처리되어야 할 사항이란 이월금 없이 송년회와 전년도 지휘자님의 퇴임식을 진행하느라 나의 자비로 소요된 백만 원가량의 지출 내역이었다. 임원 회의를 마친 후 혹여 회계 담당자분에게 누가 될 수도 있을지 모른다는 생각에 먼저 사실관계를 다시 한번 확인하고자 했다. 사무실 담당자분께서는 약 2주 전에 통화할 때와 동일한 말씀을 해 주실 뿐이었다. 일어나는 일들에 대해 고민이 되기는 하였지만, 한 주를 더 기다려 보기로 하고 똑같은 말을 되풀이하는 회계 담당자분의 모습을 볼 수 있었다. 꼬여 가는 일에 대해 나만의 생각으로 처리하기보다는 성가대 담당 교역자이신 목사님을 찾아뵙고 의논을 드리기로 하였다. 목사님께서는 그저 한 번 실수한 것으로 여기고 눈감아 주는 게 어떻겠냐는 의견을 내주셨고 목사님의 의견대로 진행하였다. 그로부터 한 달이 지난 후, 2월말이 되어 갈 즈음, 회계 담당자로부터 교회에 청구했던 영수증 처리가 마쳐져 입금이 완료되었다는 말을 들을 수 있었다.

  재정 관리와 관련하여 삐걱거리는 일들이 이어져 갔다. 성가대 재정 상태가 바닥이라는 말과 함께 성가대 회비 납부를 서둘러 진행해야 한다고 제안했던 회계 담당자의 의견대로 광고 시간에 이루어진 공지에 따라 성가대원분들의 회비 납부가 시작된 지 두어 달이 지났을 때였다. 매주 지출된 간식 비용 등의 지출 내역과 그간 대원분들께서 납부하신 회비 내역에 대해 살펴보고자 회계 담당자에게 회계 기록 장부를 요청하였으나 집에 놓고 와서 다음 주에 보여 드리겠다는 답변이 돌아왔다. 조금 길게 느껴지는 한 주가 지나고, 다시 열린 임원 회의에서 회계 담당자는 같은 답변을 되풀이하였고, 한 주가 더 지난 뒤 결국 실토를 하였다. 회계 장부를 아직 만들지 않았다는 것이었다.

해가 바뀌고 3월이 되기까지 지출 내역은 기록하지 않았지만, 그동안 대원들의 납부한 회비 내역은 메모지에 기록해 두었다는 부연 설명이 있었다. 회계 담당자의 이야기를 들으며 잠시 생각해 보니, 성가대 재정이 회계 담당자의 개인 계좌에 입금되어 관리되고 있다는 사실도 인지할 수 있었다.

회계라는 직분은 거짓말과 계속되는 변명을 일삼는 분이 담당해서는 안 된다는 생각이 들었기에, 지난번에 찾아뵈었던 목사님을 다시 찾아뵈었다. 자초지종을 설명드린 후 회계 담당자를 두 명에서 한 명만으로 변경해야겠다는 말씀을 드리자 목사님께서는 털털한 미소를 띠우시며 팀장님의 뜻대로 하시라는 답변을 주셨다. 작업량이 부담이 될 수도 있을지 모른다는 생각에 애초에 회계 담당자를 두 분이 맡으시도록 했었지만, 남은 한 해 동안 혼자서 도맡아 주시길 바란다는 말씀을 드리고 일단락 지었다.

매주 교회에서 주보가 중요하듯이, 성가대에서는 악보를 복사하거나 대원분들에게 배포해 주시는 악보 담당자의 역할도 중요하였다. 어느 한 분이 출석하기 어려우실 경우를 대비해 악보 담당 또한 두 분께 서 함께 수고해 주시는 것으로 정하였는데, 아직 대학 초년생인 여성 분과 직장생활을 하시는 20대 여성분께서 맡으시도록 하였다. 어느 날 대학생인 악보 담당자분께서 2~3주간 교회를 출석하지 못하는 시기가 생겨, 다른 악보 담당자분께 미리 말씀을 드린 상태였다. 예배를 마치고 연습실로 향하던 복도에서 악보 담당자분을 볼 수 있었다. 지인들과 이야기를 나누던 악보 담당자분에게 짤막한 인사말을 건넨 후 지나쳐 오긴 했지만, 악보를 복사하려면 지금 이대로 있기엔 시간이 빠듯할 것 같다는 생각도 머리를 스쳐가고 있었다. 성가대 전원은 예배 후 연습을 위해 성가대실에 시간을 맞추어 대기를 하고 있었다. 연습실에서 한참을 기다렸지만 악보가 도착하지 않아 연습 시작시간은 늦추어지고, 성가대원분들과 지휘자님께서 기다리고 계셨다. 결국 내가 발에 땀이 나도록 복사실과 연습실을 오가야 했다. 성가대 전원이 사용하는 악보 관련 업무는 2~3주간 동일한 상황이 지속되었고 더욱 안 좋은 모습으로 흘러갔기에 한편으로, '이렇게 하려 했다면 악보 담당을 제안했을 때 사양하며 솔직하게 말하는 게 낫지 않았나' 싶은 생각이 들기도 하였다. 성가대 연습 시작시간은 정해져 있는데도, 지속되는 엇박자로 인해 어쩔 수 없이 팀장으로서 입을 열지 않을 수 없었다.

"○○ 씨, 부탁이 하나 있는데… 복사 작업이 그리 많지 않아서 연습 시작 전까지 시간이 부족하진 않을 텐데요…. 성가대 연습시간에 맞추어 줄 수 있을까요? 아니면 계속해서 연습에 차질이 생기니까 많이 부담이 되고 불편하시면 악보 담당을 다른 분께서 맡으시도록 해 드릴까요?"

감정이 상하지 않도록 애써 노력하며 건넨 말에 악보 담당자의 답변은 간결했다.

"아니요. 그냥 계속 할게요."

더 이상 할 말이 떠오르지 않았다.

알겠다는 답변으로 일단락 지었지만, 자리로 돌아와 곰곰 생각해 보아도 역시나 정체와 의도를 알기 어려운 말이었다. 이후로도 변화된 것은 없었고, 정해진 연습시간보다 늦게 시작한 탓에 연습이 끝나는 시간도 늦어져 성가대원분들이 지쳐 가는 악순환의 연속이었다. 몇 주간 자리를 비웠던 다른 악보 담당자분도 함께 도와주었지만 이제 갓 대학교를 다니고 있는 신입생인 담당자는 복사기 조작을 비롯해 이러한 문서 작업이 익숙지 않은 듯했다. 그리고 다른 한 분은 충분히 담당 작업을 수행할 수 있음에도 여전히 악보 작업을 담당할 의지가 없는 듯 보였다. 한 달 가까이 성가대의 질서가 흐트러지는 것을 지켜본 나는 조심스레 다시 한번 불편한 대면을 감수할 수밖에 없었다.

"○○ 씨, 계속해서 악보 준비가 안 되서… 연습시간에 차질이 생기는데요. 별다른 일이 없다면 시간을 맞추어 주실 수 있을 것 같은데 그렇게 해 주실 수 있을까요?"

이번에도 별 대수롭지 않다는 듯 의외의 답변만이 짧게 돌아왔다.

"제가 왜 팀장님 말을 들어야 하죠~?"

마땅히 해야 할 몫도 하지 않아 공동체에 피해를 주었다면 미안해할 법도 한데 그러한 기색은커녕 속내를 알기 어려운 답변만을 이어갈 뿐이었다. 알겠다는 짤막한 답변을 하고 자리로 돌아와 여러 생각을 해보았다. 성가대 팀장과의 대화를 이토록 무례하게 한다는 주관적이고 감정적인 측면에서 생각하지 않으려 애써 보았다. 마땅히 진행되어야 하는 정상적인 궤도를 멀리 벗어나 계속적인 피해만을 일으키는 것에 대해 팀장의 부탁 혹은 권고를 이처럼 쉽사리 무시할 수 있을 수준이라면 객관적으로 보아도 심각한 상태라는 생각이 들 뿐이었다. 한 주간의 고민 후 문제의 악보 담당자를 만났을 때 잠시 할 말이 있다며 조용한 곳에서 대화를 청하였다.

"○○ 씨, 이제 성가대에 그만 나와 주셨으면 합니다."

그녀는 그제야 상황이 좋지 않은 것을 체감한 듯, 얼굴이 굳어 버려 말을 잇지 못하였다. 단호하게 들렸을 말을 마치고 성가대 가운을 옷장에 넣고 있을 때에야 이번엔 그녀가 나를 찾아와 콧소리가 섞인 목소리로 '팀장님~'을 부르며 다가왔다.

"팀장님~ 저 악보 담당 안 하고, 그냥 성가대에 조용히 있을게요~~ 네~~?"

애써 미안하다는 듯한 구차한 미소를 띠고, 자신이 지금까지 한 일을 스스로 알기에 본인도 민망하다는 듯 몸을 배배 꼬며 성가대에 남아 있을 수 있게 해달라는 청이었다.

교회라는 특수성 때문이었을까. 매몰차게 내치는 게 상책이 아닐 것 같다는 생각이 들어 알겠다는 대답을 하면서도, 한편으로는 어떻게 사람이 이렇게 180도 달라질 수 있는지에 대한 의문이 들기도 하였다. 골리앗처럼 의기양양한 태도를 보이다 어떻게 순식간에 고양이 앞의 쥐처럼 사근사근해질 수 있는지, 사람이 이렇게 갑자기 바뀔 수 있는지에 대한 의문이었다. 이후 그녀는 성가대에 남게 되었고, 시간이 흐를수록 나에 대한 뒷담화를 하는 선봉장이 되어 가는 것을 멀리서 지켜볼 수 있었다. 그때부터 오늘날까지도 그녀의 카카오톡과 페이스북 등 SNS 프로필 대문 사진에는 온갖 좋은 성경 구절로 도배가 되어 있고, 여전히 그녀는 유치원 선생님을 하고 있다는 사실은, 나에게 사람을 조심하게 하는 습관을 형성하는 데 일조했다.

팀장을 맡은 후 생각지 못했던 식사 약속을 많이 갖게 되었다. 덕분에 다양한 분들과 함께 식사와 대화를 나누며 내가 생각지 못했던, 경험하지 못했던 것들을 접할 수 있었다. 신앙관에 대한 진솔한 이야기, 자신들의 성장 이야기 등 대화라는 게 참 유익하다고 느낄 수 있는 시간들이었다. 가끔씩 대원분들과 일명 '번개'라고 하는 예고 없는 만남도 즐거운 시간이었다.

어느 날 꿈을 꾸었는데, 침대처럼 보이는 매트에 젊은 여성분이 속옷만을 걸친 채 유혹하는 듯한 눈빛으로 나를 응시하며 누워 있었다. 한동안 누운 채로 요염한 자세로 있던 그녀가 속삭이듯 나지막한 목소리로 내게 말을 걸었다.

"친구들도 알고 있어요…."

그리고 장면이 바뀌어 한 남성이 보였는데, 파리하게 마른 채로 몸의 수분과 근육이 모두 말라버려 앙상하게 뼈와 가죽만 남아있는 남자가 서 있었다. 저 남자가 누구일까, 라는 의문을 품던 차에 잠에서 깨었다.

찝찝한 느낌이 들어 더 이상 눈을 붙일 수가 없었다. '내가 혹시 무언가를 잘못한 것인가?' 마음이 불편한 꿈을 꾸게 되면, 언젠가부터 나 자신을 먼저 돌아보는 습관이 생겨 있었다. 계속되는 묵상에도, 어떤 의미의 꿈인지 헤아려지지가 않았다.

당시에 살던 신림동 고시촌 옆에는 '순대거리'라고 하는 음식특화거리가 있었는데, 언젠가 한번 식사나 함께 하자는 지나가는 말로 약속을 잡았던 성가대원 여성 두 분이 신림동 근처에 왔다는 전화연락을 보내왔다. 먼 걸음을 해 주신 고마운 두 분과 함께 식사를 마치고, 연장자이신 누님을 댁에 먼저 모셔다 드렸다. 감사한 차 한잔을 함께 하고 다른 여성분을 집에 태워다 주고 다시 신림동으로 향할 예정이었다. 밤 10시가 조금 넘은 시각, 집으로 향하던 여성대원분께서 잠시 공원에 들렀다 가면 좋겠다는 말을 꺼내었다. 이제 한 달 후면 해외 단기선교를 나갈 예정이었던 20대 후반의 여성분이었기에, 한국에서 남은 시간이 애틋하겠다는 생각이 들었다. 차를 세운 여의도 공원 주차장은 제법 적막하였다.

"어색하시고, 불편하실까 봐 일부러 ○○언니하고 같이 왔어요."

"…네? 아… 네….”

무슨 말을 하는 것인지 어리둥절하면서도, ㅇㅇ누님을 굳이 그렇게 보조 수단처럼 표현할 필요가 있는지 의아함이 피어올랐다.

　그녀는 차에서 내리지 않고 무언가를 말하고 싶어 하는 듯하다 짤막한 적막 후, 다시 입을 열었다.

　"오빠, 무슨 부탁이든 들어드릴게요. 편히 말씀하세요."

　'부탁?'

　오히려 내가 되묻고 싶었지만, 일단 짐작을 해 보았다.

　'무슨 부탁을 말하라는 것일까.'
　'이미 답을 정해 놓은 채 던진 질문인 듯한데, 오히려 내가 그 말을 꺼내 주었으면 하는 이 분위기는 뭘까…'

　차량의 엔진이 꺼진 채 차량 안에서 둘만의 목소리만이 오고 갔기 때문이지, 상대의 숨소리까지도 들리는 집중된 상태에서 던져지는 물음표로 인해 내 머리는 브레인스토밍이 되는 중이었다. 무언가의 말을 바라는 것 같은데 그게 무슨 말일지. 내가 사는 동네에까지 찾아와 주고 이렇게 공원에서 이야기를 나누고 싶어 할 정도라면 이성간의 교제

측면에서도 충분히 호감을 표현해 준 것이라는 생각까지는 이를 수 있었다.

'해외 단기 선교를 가지 말라고 붙잡아 달라는 것인가? 하지만 그건 공적인 일인데… 하나님 앞에서 기도드리며 이미 서원을 드린 일일 텐데… 내가 관여하거나 붙잡아서는 안 되지 않나….'

하나님께 서원을 드린 것은 반드시 행해야 한다는 성경말씀이 떠올랐던 나는 먼저 선을 그으며 말을 이어갔다.

"○○ 씨, 이제 한 달 뒤에 ○○○로 단기선교 가시죠… 그 일은 이미 하나님께 기도드리며 준비한 일일 테니 차질 없이 진행돼야 할 거예요. 오늘 제가 사는 동네에까지 와 주시고 감사해요. ○○ 씨가 단기선교를 다녀오신 후에 서로 충분히 긍정적인 방향으로 생각해 볼 수 있을 거라 생각해요. 발전적인 방향으로요… 잘 다녀오셨으면 해요."

내가 할 수 있는 최선의 답변에도 불구하고 차 안의 분위기도, 그녀의 표정도 전혀 변화가 없었다.

나름대로 머리를 써서 답변을 한 것인데, 그녀의 성에 차지 않는 답변인 듯했다.

'이게 아닌가? 그럼 무슨 말을 바라는 거지? 무슨 말을 기다리는 걸까?'

한동안 다시 적막이 흘렀고, 그녀는 다시 동일한 말로 입을 열었다.

"오빠… 어떤 말씀이든 다 들어드릴게요."

아무리 생각해 보아도 무슨 말을 하라는 것인지 감이 잡히지 않은 채, 적막 가운데 차량 대시보드에 있는 디지털시계만이 깜빡이고 있었다. 어색하고도 서로의 초점이 맞지 않는 대화들이 띄엄띄엄 이어졌기 때문인지 차량 안의 어색하던 분위기에서 잠시 벗어나 시계를 보니 새벽 1시가 다 되어 가고 있었다. 더 이상 시간이 지체된 채 젊은 여성분을 귀가시키지 않는 것은 적절치 않은 것 같았다. 나 또한 이미 밝혔던 동일한 내용의 말을 건네며 잘 다녀오시라는 말씀과 함께 이야기를 매듭짓고 시동을 걸어 여성분이 사는 동네로 차를 몰았다.

이동하는 내내 별 말은 없었지만, 그녀는 무언가 답답하고, 불편한 기색을 숨기지 못한 채로 아파트 단지에 도착하였다. 처음으로 사석에서 함께 식사 자리를 가졌던 만남치고는 많이도 어색했던 시간이었다는 생각뿐이었다. 단지 입구에 차량을 세우고 인사를 하려 차에서 내렸지만 그녀는 이대로 만남을 마치기 싫다는 양 차문 옆에 서서 움직이지 않은 채 그대로 서서 발걸음을 떼지 않고 있었다.

'쟤가 집에 안 들어가고 왜 저러지? 이 늦은 시각에….'

한 손으로 들어가라는 손짓을 하니 그녀는 양발에 모래주머니를 찬 듯 더딘 발걸음을 옮겨갔다. 그리고 대로변 옆에 세워진 방음벽을 붙잡고는 다시 멈추어 섰다. 뒤를 돌아 나와 눈을 마주치며 무언가 표현하고 싶은데 뜻대로 되지 않아 답답하고 불편하다는 어두운 얼굴로, 마치 강아지가 똥이 마려운 데도 싸지 못하고 안으로만 끙끙대는 표정으로 그저 나를 응시한 채 서 있었다.

"얼른 들어가~ 1시 반이다."

내가 다시 한번 어서 들어가라는 손짓으로 그녀를 향하여 제스처를 보이자, 그녀는 어쩔 수 없다는 듯 등을 돌려 어둠 속으로 걸어 들어갔다.

'뭘까…? 왜 저럴까… 야식이 먹고 싶나…?'

집으로 돌아오는 내내 머릿속을 가득 메운 궁금증에도 속 시원히 답을 내기가 힘들었다.

집에 도착하여 시간을 확인해 보니 어느덧 새벽 2시였다. 피곤하기도 하고 무언가 서로 의도한 바가 다르다는 것을 느꼈을 뿐, 영문을 알 수 없었던 그 여성분의 태도에 대한 답이 끝내 떠오르지 않았다. 얼른 씻고 자는 게 낫겠다 싶어 애써 생각을 비우며 샤워실로 향하였다. 언제부턴가 나는 하루를 마무리하는 시간에 그날 잠자리에서 꾸었던 꿈을 다시 떠올려보는 습관을 가지곤 했었는데, 바쁜 일상을 보내며 하나님께서 새벽에 주신 메시지를 놓치면 안 되겠다는 생각에서였다. 오늘 새벽녘에 꾸었던 꿈을 떠올려 볼 때까지만 해도, 그 꿈과 오늘 저녁의 일이 연관되어 있을 거라는 생각은 조금도 들지 않은 터였다.

어려운 수학문제를 풀다가 도대체 답이 나오지 않아도, 수학문제집을 잠시 덮어 두고 산책을 하던 중에 실마리가 풀린다 했던가. 생각을 비우고 편히 샤워를 해야겠다며 샤워기에 물을 트는 순간 머릿속에서 탄성이 나왔다.

'설마…!'

'그렇게 청순하고 순진해 보이는 아이가 설마….'

한 손엔 샤워기를 들고 물을 틀어놓은 채로 마네킹처럼 굳어버린 나는 초저녁부터 오늘 새벽까지 있었던 일련의 일들을 떠올려 보았다.

'20대의 젊은 여성이 좋아한다는 마음을 충분히 표현하고, 새벽까지

집에 들어가지 않고 어떤 부탁, 어떤 말이라도 다 들어줄 테니 편히 말하라 하였다….'

조금만 관점을 달리하면, 충분히 무엇을 원했던 것인지 알 수 있는 정황. 하지만 그때까지만 해도 그 여성분이 차에서 꺼낸 말이 만약 관계가 어긋날 경우 본인이 책임을 회피할 수 있도록 정교하게 만들어진 말이었다는 사실까지는 헤아리지 못하였다.

그리고 그 여성분은 출국하기 전까지 매주 성가대를 출석하였다. 동시에 나와 친한 성가대 대원분들로부터 그 여성분이 나에 대한 험담을 하고 다닌다는 이야기를 들을 수 있었다.

"내 험담을 하고 다닌다고? 내가 험담할 게 뭐가 있어?"

"그러게….'

나를 짧지 않은 시간 보아오며, 신뢰해 주는 동료대원분도 그 여성분이 없는 말을 만들면서까지 나를 모함하는 이유가 무엇인지 의아해하는 눈치였다.

시간이 흐른 뒤 내가 꾸는 꿈의 의미를 더 분명히 알 수 있었고, 무어라고 이름 붙이기가 어려운 감정들이 생겨갔다. 그토록 아기 같고 순수해 보이는 여성분이 하는 행동이 보통이 아니라 생각되었고, 혹시나 그 여성분에 대한 자료를 찾을 수 있을지 몇 가지 조사를 해 보았다. 대학 시절에 방송반 활동을 한 것을 확인할 수 있었고, 대학 잡지 모델로 활동을 하던 당시에 사진들도 접할 수 있었다. 다방에서 커피 배달 일을 하시는 여성분들보다 짙은 화장을 한 채 대학 잡지 모델을 한 모습에 비하면, 지금은 청순해 보이는 이미지로 변신에 성공한 듯했다. 그 여성분 역시 자신의 SNS 프로필 사진 혹은 대문 사진에는 훌륭한 성경 구절들이 첫 페이지를 장식하고 있었다. 오늘날까지도.

사계절을 지나오며, 성가대는 여느 교회의 부서들처럼 연중행사들을 진행했다. 부활절 칸타타를 비롯해 사순절 기념행사, 무더운 여름에 신행된 수련회, 자체적으로 진행한 성가대 행사 등으로 함께하는 추억들도 쌓여 갔다. 내가 없는 자리에서 내 이야기를 하기 좋아하는 분들은 한결같은 방향성을 유지했고, 나를 제외한 성가대 임원분들도 업무 분담을 위해 어쩔 수 없이 해야 하는 일들만을 하는 수준이 이어져 갔다. 일 년이 지나도 서로의 이름을 모르는 경우도 부지기수였기에, 성가대원분들이 서로의 얼굴과 이름을 익힐 수 있도록 증명사진으로 인원 현황판을 만드는 것이 어떻겠냐는 나의 제안에 대해 '개인정보보호 위반이 아니냐'는 식의 반론을 제기하는 정도로 임원 회의가 이어져 갔다. 나에 대한 모함을 이어 가는 분들은 보이지 않는 곳에서 주로 활동을 하곤 했는데, 교회라는 공동체 안에서 이토록 정치적인 행동들이 계속된다는 사실은 나로 하여금 내가 순진한 것인지, 원래 사람들이 살아가는 공동체란 그러한 것인지, 헷갈리는 듯한 생각이 피어오르기도 하였다. 반면에 교회에서 하나님께 기도할 수 있는 공간을 만들어 주어 진심으로 고맙다는 분들도 계셨고, 차갑지도 뜨겁지도 않은 임원들 사이에서도 애써 주는 게 고맙다고 이미 많은 것들을 알고 계신 듯 진심을 전해 오시는 고마운 분들도 계셨다. 날씨가 따뜻해질 무렵부터, 성가대 인원도 점점 늘어나게 되어 예배당에 오르면 성가대원 분들이 앉을 자리를 마련하느라 새로운 추가 의자들을 요청해야 했다.

새로이 오신 성가대 지휘자님은, 미국으로 유학을 다녀온 분이셨는데 동성애를 긍정적으로 말씀하시는 분이었다. 하지만 한국교회 내에서 자신의 동성애에 관한 의견을 여과 없이 나타낸다면 문제가 될 것을 미리 짐작하였는지 동성애가 생물학적으로 아무 문제가 없다는 식의 곁가지에 대한 이야기들만을 꺼낼 뿐, 적극적으로 자신의 주장을 펼치지는 않는 분이었다. 또한 바울이 언급했던 그리스 사람들처럼 신학적인 측면에서도 새로운 것들과 선진적인 부분들을 많이 안다는 사실에 자부심을 가지고 계셨다. 나와는 결이 다르고, 가치관도 다르다는 생각을 가지고 있던 차에, 서늘한 바람이 불어올 무렵, 나에 대한 트집을 잡으려 애쓰는 분들과 지휘자님이 유독 친해지는 모습을 볼 수 있었다. 이와 달리 나를 응원해 주시고 진심과 존중의 표시를 보내 주시는 분들도 만나 뵐 수 있었다.

 이처럼 드러나는 모습은 아니었지만 미묘하고도 신경이 쓰이는 기류를 감지할 수 있던 나는, 그러한 불편하고도 답답한 마음이 수개월 동안 지속되다 결국 성가대가 분열되어 가는 것을 체감할 수 있었다. 다른 것들은 차치하더라도, 없는 말들을 만들어서까지 성가대원들을 이간질함으로 인해 나를 묵묵히 도와주시던 분들과 각자의 자리에서 성실히 임해 오시던 분들까지 흔들리기 시작하자 더 이상 간과되는 것은 바람직하지 않겠다는 생각이 서서히 자리 잡아갔다.

 성가대의 어른이자 지도자로 생각해 온 담당 교역자 목사님과 담소를 나눌 기회에, 벌써 수차례 가졌던 면담 내용에 이은 대화의 시간을 가졌다. 성가대에서 암암리에 발생되는 그간의 사항들에 대해 목사님과 말씀을 나눈 후, 개인적인 생각을 전해 드리기도 하였다. 교회라는 특성상 용서와 관용 등 여러 긍정적인 개념들을 생각해 볼 수 있겠지만, 현 시점에서는 적어도 각 개인의 이름이 거론되지 않더라도 총론적인 접근의 시도라도 있어야 할 것 같았기 때문이었다. 목사님께서는 여유로운 미소와 함께 따뜻한 국화차를 한 잔 건네주시며 원론적인 말씀으로 대화를 마무리 지으셨다. 구체적인 행동 방향은 없이 그저 '잘해 봅시다'라는 목사님의 말씀은 적잖은 거리감을 자아냈다.

성가대 연습을 마친 후 광고시간에, 다음 주에는 '공동의회'가 예정되어 있음을 알렸다. 목사님과 나누었던 사항 외에도 성실히 임하시는 성가대원분들의 목소리와 소통이 있었으면 하는 바람이 있었기 때문이었다. 차주가 되어 전체 성가대원분들 중 과반 정도가 참석하며 예상 외의 많은 분들이 참석해 주셨다.

청년 성가대원분들에게는 공동체 내에서 자신의 생각과 의견을 솔직히 꺼내고 반영하는 공동의회의 장을 처음 경험해 보는 듯 익숙지 않은 분위기였지만 성의 있는 안건들도 들을 수 있었다. 나 또한 절차적인 부분의 한 가지 제안을 하였다. 성가대가 전체 연습을 시작하기 전에 기도로 시작을 한 후 연습을 시작하는 건 어떨지에 대한 내용이었다. 처음에는 몇몇 분들의 반대가 있었고, 윤번제로 대표 기도자가 정해지는 것에 부담을 느껴서 그러려니 했지만, 늘 나의 말꼬투리를 잡는 분들이 반대 의견에 동조함으로써 나의 '연습 전 기도'에 대한 제안은 철회되었다. 당시에 나는 팀장으로서의 제안이 아닌, '한 명의 성가대 구성원'으로서 제안을 했던 것임에도 자칫 팀장이 밀어붙이는 안건으로 비추어지는 것을 바라지 않았기 때문이었다.

처음으로 진행한 공동의회는 그다지 세련되거나 성숙하게 다듬어진 모습은 아닐지라도 성가대 구성원들 각자의 의견이 발표되어 존중되고 반영되는 절차를 가진다는 데에 의의를 두고자 했고, 그렇게 차근차근 진행되어 갔다. 열기가 식어갈 즈음 목사님과 미리 말씀을 나누었던 성가대 내의 음성적인 말들이 발생하고 확산되어 가는 것에 대해 이야기를 꺼낼 차례였다.

"다음으로 성가대 내에서 음성적인 소문들이 생겨나는 것과 이러한 것들이 퍼져 가는 것에 대해서…."

"잠시만요! 팀장님. 그 얘기는 안 하는 게 좋겠습니다."

목사님이 손을 들며 말씀하셨다.

내가 안건 발표를 시작하자, 적잖은 성가대원분들께서 그동안 마치 곰팡이처럼 득실댔던 여러 일들에 대해 '이제는 그냥 두고 간과할 때는 지났다'라는 진지한 표정을 지어 보이기도 했지만, 목사님의 말씀이라는 권위, 교역자께서 직접 중단을 요청했다는 사실은 의회에 참석한 모든 분들이 더 이상 해당 안건에 대해 언급하지 못하는 분위기가 되기에 충분했다. 공동의회는 그렇게 끝이 났다.

새로이 한 주가 시작되고 평일이던 어느 날, 마침 교회 옆을 지나가던 차에, 잠시 성가대실을 들를 수 있었다. 연습 후 정리가 안 되어 흐트러져 있는 의자들을 바로 잡으며 아무도 없는 성가대실에서 그간의 추억이 쌓였던 곳곳을 바라보고 있었다. 최선을 다했고, 절박했던 만큼 미련 또한 없음을 스스로 느끼며 잠시 서 있었다. 누군가가 나에게 그럴수록 더 열심히 계속해서 교회를 다니라고 한다 해도 이제는 그렇지 않을 것임을 알고 있었고, 나의 그러한 선택에 후회가 있지 않을 것이라는 생각도 선명했다. 함께했던 여러 대원분들이 많이 고맙고 그리울 테지만, 한 해 동안 함께 했던 성가대 임원들에게는 이렇게 떠난다는 것에 미안한 마음이 느껴지지 않았다.

목사님들께 보내는 글

　일요일에 교회를 가지 않고, 교회에 있지 않자, 일요일이 꽤나 긴 시간이라는 걸 알 수 있었다. 주일에 성경책을 보긴 했지만, 예배를 드리며 찬송가를 부르지는 않았다. 아마도 교회에서 예배를 드리고 싶어서였던 듯하다. 갑작스레 예고도 없이 교회에 출석하지 않자, 친구들과 나를 응원해 주었던 여러 분들이 집까지 찾아와 주셨다. 그동안 나를 알고, 묵묵히 도와주시던 분들이었기에 다시 교회에 나오는 게 어떻겠냐는 말을 쉽사리 꺼내지는 못하였다. 나의 선택이 가벼이 내린 결정이 아니었음을 그분들도 알고 계셨기 때문이었다. 비록 일요일에 교회를 나가지 않지만, 이제 내가 의식하지 않아도 내 머릿속을 가득 메운 건 교회, 한국교회의 회복에 관한 것이었다. '어떻게 하면, 무엇을 하면

교회가 회복되고 정화될 수 있을지….'

아무리 발버둥치고, 마음속으로 외쳐 봐도 답이 보이지 않는 시간 속에서, 그렇게 한 달, 두 달, 일 년여가 지나고 있었다. 기독교 방송이 아닌, 일반 뉴스 보도에서도 한국교회와 교계에 대한 큼지막한 사건들을 접할 수 있었고 서초동의 S 교회, M 교회 등의 대형 교회와 교단들에 대한 소식이 들려왔다. 교회의 일반 성도분들이 아닌 목사, 목회자들이 문제가 된다는 것은 피해자들의 발생과 영향력에 있어 다른 차원의 일이라 여겨졌다.

'S교회, M교회 등에도 나처럼 아니, 어쩌면 나보다도 더 많은 상처를 겪으신 분들이 계시겠구나…'라는 생각이 들던 순간, 문득 내가 해야 할 일이 있다고 여겨져 책상 앞에 앉았다.

그리고 동일한 일들이 발생하지 않도록, 내가 겪었던 일과 같은 사건들이 재발하지 않도록, 부탁한다는 편지를 쓰고, 성가대를 담당했던 교역자 목사님과 교회의 부목사님에게 이메일을 보내었다.

「목사님들께 보내는 글」

저는 2013년도 ○○○○ 성가대 팀장으로서 지냈던
김원범입니다.

이렇게 글을 쓰게 된 것은,
적지 않은 시간이 흘렀지만, 글을 써야 할 필요성과
다시 제가 겪었던 일들과 비슷한 일들이 발생하여,
낙심하거나, 피해를 입는 성도들이 발생하지 않기를 바람입니다.

1년여의 시간이 흐른 지금,
제가 2013년도 ○○○○ 팀장으로 있을 당시에 성가대 내에서 있었
던 사실관계들을 먼저 간략히 말씀드리려 합니다.

제가 팀장일 당시, 회계 담당자로서 현재도 성가대에 출석하는 '○○○'
대원이 회계 업무를 맡았습니다.

제가 팀장을 맡기 전년도, 2012년도의 회계 업무가 제대로 이루어지지
않아, 그 내용을 아는 성가대원들은 걱정을 하던 중, 성가대 재정 업무
의 투명성과, 지출 관련 적자 문제가 신속히 본궤도에 올라야 했기에,

특별히 20대 청년이 아닌 30대의 청년 대원을 회계 담당자로 제가 선임하였습니다.

기대했던 바와 달리 2012년도 말과 2013년도 초부터 회계 업무가 제대로 이루어지지 않고 오히려 불미스런 일들이 발생하곤 했습니다.
이 불미스런 일이란 다음과 같으며, 당시 해당 교역자였던 ○○○ 목사님과도 상의 후 조용히 사건을 덮은 일이 있었습니다.

2012년도에 7년여 동안 지휘를 담당해 오신 ○○○ 집사님께서 안식년을 보내시겠다는 결정으로, 퇴임식이 진행되었으며, 연말 송년회를 퇴임식과 겸하여 교회 건물에서 치렀습니다.

당시 소요 비용으로 발생했던, 출장 뷔페의 비용과 기타 제반 비용들을 지불해야 했지만, 앞서 말씀드린 것과 같이 주먹구구로 진행되어 적자 상태를 지속하던 2012년도의 재정을 그대로 넘겨받았기에, 선지출 후청구의 교회 시스템상 팀장인 제가 개인 비용으로 선지불을 한 후, 교회에 청구하였습니다.
그 후 시일이 흘러 성가대 내 재정을 검토하던 중,
우연히 사무실 재정 담당자분을 통해 그동안 성가대 출금 내역에 대해 교회로부터 성가대 계좌 측으로 송금을 완료하였다는 소식을 접하였습니다.

이후 성가대 임원회의 중,

○○○ 회계 담당자는 교회에 청구한 비용 처리가 교회 측 업무의 더딤으로 인해 진행되지 않는다는 언행만을 계속하는 중이었습니다.

당시 성가대 계좌를 회계 담당자인 '○○○ 대원'의 개인 계좌로 이용하고 있었고, 교회 측으로부터 해당 주에 제반 비용 입금이 완료되었다는 통보를 받았음에도 회계 담당자의 거짓된 언행으로 인하여 고민 중, ○○○ 목사님과 먼저 상의를 한 바 있습니다.

당시 목사님과 대화 후의 결론으로서, 목사님께서는 "그저 한 번의 실수를 저지른 것으로서 여기고 조용히 덮고 넘어 갑시다"라는 말씀을 하셨고, 저 또한 그에 응하여 별다른 방안은 강구하지 않았습니다.

하지만 그 후로부터 3개월여 동안, 오히려 회계 업무는 입출내역이 장부조차 기입되지 않고, 투명성 없이 성가대 통장 잔고 정리 / 대원 회비 납부 내역 기록 / 입출금 기입 내역 등 일체의 재정 처리 과정이 진행되지 않고 지속되었습니다.

팀장이었던 저로서는 남녀 2명이었던 회계 담당자 중 '○○○ 대원'을 회계 담당에서 제외하는 조치를 취하였습니다.

또한 회계 업무의 투명성을 갖추기 위한 방법으로서,
성가대 재정 입출의 투명성을 위해, 성가대 잔고를 대원 개인 계좌가 아닌,
별도의 'ㅇㅇㅇㅇ'라는 명의의 단체 입출 계좌를 개설하였고, 각 임원들이 한 개씩 입출금식 체크카드를 소지함으로써
적은 금액이라도 출금 시 계좌기록에 남고,
어느 한 임원이 음성적으로 성가대 재정을 사용하는 것이 방지되도록 하였습니다.

다음은 … (중략)

또한 당시 새로이 지휘를 맡게 된 'ㅇㅇㅇ 지휘자' 또한 앞의 두 사람과 동조하며 동류 역할을 한다는 사실도 알 수 있었습니다.
(당시 ㅇㅇㅇ 지휘자는 미국에서 유학 후 귀국한 자로서, 동성애에 대하여 긍정적 의견을 펼치시는 분이었기에 팀장인 저와 관계가 좋지 않았습니다.)

이러한 성가대의 분열과 흔들림을 오랜 시간 목도하며,
팀장인 저로서는 당시 공동의회를 개최하였고,
공동의회 여러 의제 중, 팀장으로서 성가대 내 분열과 음성적 험담에 대한 총론적인 논의를 시도하였습니다.

당시 공동의회에 ○○○ 대원이 참석하였고, 성경에 비추어 볼 때, 당시 공동의회 장소에서 해당 인물들의 성명을 직접 언급하는 것은 해당 참석자에 대한 인격적인 측면에서도 바람직하지 않겠다는 판단으로 성가대 내에 만연해 있는 분열과 반목, 음성적인 험담에 대하여 총론적 접근을 시도하였습니다.

당시 저로서는 성가대 내에서의 확인되지 않은 사실, 좋지 않은 이야기들이 떠도는 것과, 성가대원 간 직간접적인 험담 등을 자제해 줄 것을 요청하고자 한 것입니다.

그러나 이러한 노력이 제 개인의 사적인 이익과 만족을 찾고자 한 것이 아니었음에도, 당시 공동의회에 참석하였고, 1년여 간 한 개인의 시달림을 지켜보고 성가대 내에 있는 바람직하지 않은 기류를 인지하고 있던 ○○○ 목사님은 제가 말을 이어가는 도중 저의 발표를 중단시키고, 제가 논의하고자 했던 의제를 일방적으로 언급하지 못하도록 하였습니다.

"교회 내 보이지 않는 음성적 험담과 진실이 가려진 거짓된 소문은 분별되어야 한다"는 제가 밝힌 의제에 대하여, "그 부분은 말하지 않는 게 좋겠습니다"라는 일방적 묵살로서 마무리되었습니다.

이후, 저는 제 자신이 관여된 일이기 때문보다, 교회 내 한 구성원이 짧지 않은 시간 동안 거짓되고 바람직하지 않은 시달림을 겪는 것을 대하고 바라보는 담당 교역자의 시선과 태도, 대응 방법을 지켜보며 겪게 되었기에, 성가대를 더 이상 출석하지 않았습니다.

죄인사랑만 앞세우되, 의에 대한 언급은 없는 공동체.

'신앙공학'이 느껴지는 공동체는 제가 머무를 곳이 아니라는 판단이었습니다.

또한 남의 터 위에 건축하지 않으려 노력했다는 바울의 말처럼, 담당 교역자와 팀장이 좋지 않은 모습으로 대면되는 것은 대원들에게도 유익하지 않음을 생각했기 때문입니다.

이상이 제가 2013년도에 ○○○○ 성가대 팀장으로서 겪었던 일들이며, 내용입니다.

바로 위에 말씀드린 '신앙공학'이라는 용어는 ○○○ 목사님 하 성가대에서 2년간 지내며 느꼈던 것들에 대한 단어이며, 그 이유는 다음과 같습니다.

'신앙공학'은 현대 사회에서 아직 통용되지는 않는 용어입니다.
그러나 '금융공학'이라는 단어는 학문의 한 분야로 여겨질 정도로 빈번히 사용되고 통용되는 용어입니다.

금융공학이란, 금융과 공학의 합성어로서
금융의 흐름과 질서에 공학적 메커니즘을 결합하여,
공학적 수치 대입, 공학적 공식을 금융과 접목시킨 것으로서
장점으로는 예측이 불가능할 정도의 복잡한 금융시장에
공학적 공식을 대입함으로써 어느 정도의 수치화된 가시적 포트폴리오를 현출할 수 있다는 것이며,
단점으로는 공학적 공식을 유기적인 금융시장에 기계적으로 대입함으로써,
인간의 삶이 반영된 유동적이고 다변화적인 금융시장을
몇몇 공식만을 대입하여 풀어냄으로써 근사하기만 한 숫자놀음에 불과할 수 있다는 것입니다.

이에, 저는 ○○○ ○○교회 ○○○○ 성가대를 나오며,
'신앙공학'이라는 단어가 머리에 맴돌았습니다.

'전체를 대신해 누군가 한 사람이 짐과 희생을 감당한다는 십자가의 원리'

이 십자가에 담겨 있는 원리를 사람들이 알게 되자,
어느덧, 신앙 공동체라 불리는 집단에서는
이 원리를 교회 공동체가 돌아가는 공식으로서 대입하고는
자기 자신은 아닌, 누군가 1인을 공식에 지속적으로 가져다 놓고 있음
을 지켜보게 됩니다.

또한 방관자로서 그 1인을 지켜보며,
공식에 대입된 그 1인은 힘들겠지만…
내가 아는 십자가 공식을 대입하고 있으니,
참 근사하다며 자아만족, 자아감탄을 하고 있음을 경험합니다.

그러하기에 두루 살펴야 할 여러 요소보다는
공식만을 대입하는 '금융공학'처럼,
의와 사랑을 균형 있게 살피는 건강한 신앙과 신학보다
의가 빠진 채 그저 십자가의 원리를 대입하는 '신앙공학'이라는 개념이
떠오른 것입니다

다시 한번 부탁을 드려봅니다.

한국교회가,
근사하다 생각하는 신앙적 성향보다는 '의'와 '사랑'이 함께 가는

건강한 신앙을 통하여 저와 같은 사람들이 발생하지 않았으면 하는 바
람으로 1년여의 시간이 흐른 지금, 이와 같이 글을 씁니다.

교회와 한 개인의 신앙은 '의'와 '사랑'이 함께 가야 하며,
공동체의 모습 또한 그렇습니다.

그렇지 않고, 성경과 하나님의 사랑이
오직 '죄인사랑'만을 말하는 것이라면,
사도행전 5장에 나오는 아나니아와 삽비라도
덮어주고 감싸주며 오순도순 살았다고 기록되어야 했을 것입니다.

○○○ 목사님의 행동에 대해 감정은 없습니다.

무엇이 올바른 신앙공동체이고, 올바른 신학인지
스스로 더욱 깊게 고찰하고 살피는 계기가 되었으며,
'의'가 제하여진 사랑, '의'가 제하여진 십자가의 도가 어떠한 것인지 피
부로 느끼며 경험하는 시간들이었기 때문입니다.

다만, 제가 아닌, 다른 연약한 성도분이
제가 겪었던 일들과 같은 일들을 겪었다면,
하나님 앞에서 어찌나 죄송한 일이 될 수 있을지 아찔한 생각도 떠올

려 봅니다.

○○○ 목사님께는 하고 싶은 말이 있습니다.

참된 가정에서, 동생이, 자녀가 잘못된 행동을 꾸준히 할 때,
진정한 형제, 참된 어버이는 꾸짖음을 마다하지 않습니다.

잘못된 행동들의 일련 앞에서도,
근사한 매너만이 지속된다면,
그만큼 타인 혹은 남이 아닌지 점검해 보셨으면 합니다.

한국교회가 '의'와 '사랑'이 함께 가고,
함께 균형을 갖는 시기가 다가오길 소망합니다.

다시는 제가 겪었던 일과 같은 일이 반복되지 않기를 바랍니다.

— 1부 끝

/ 1부를 마치며 /

    근래에 들어 조금 경향이 바뀌긴 했지만,
    각종 졸업식에서는 졸업생이 부모님과 기념사진을 찍는 경우가 많았다. 수년간의 과정을 졸업한 자식은 맨 앞에 서서 꽃다발을 들고, 부모님은 배경이 되어 자식은 앞에 부모님이 뒤에 선 구도로 사진을 찍는 모습이 일반적이었다.

    응당 기념사진의 주인공은 졸업생이 맞겠지만,
    정작 자녀가 아침에 일어나 등교할 수 있도록 깨워 주고, 아침밥을 지어 주고, 공부하다 혹여 배가 고플까 간식거리를 챙겨 주고, 힘들 때는 위로와 응원을, 좋은 일이 있을 때는 칭찬과 격려를 하며 주인공이 졸업이라는 여정에 이르기까지 필요한 모든 수고로 이끌어 주었던 부모님들은 늘 꽃다발을 든 졸업생의 뒤에서 묵묵히 자식을 앞세워 주셨다. 사진의 초점과 긴 여정의 결과로서 드러나는 것은 주어진 여건에서 펼쳐진 길을 가면 되었던 꽃을 든 졸업생이었다.

    필자의 신앙의 여정에서 앞길이 막막할 때, 내가 너와 함께하고 있다는 힘을 주시고 약해지는 마음을 위로해 주신 성령님, 십자가의 길을 통해 온 마음과 온몸으로 공감해 주시고 함께해 주신 예수님 그리고 창세 이전의 계획하심으로 지금도 한결같은 사랑으로 함께해 주시고 이끌어 주신 하나님 아버지께서 이 글의 주인공이셨음을 밝힌다.